神會大師證道歌顯宗記溯源

月溪法師文集 第五冊

月溪法師——著
法禪法師——總校定

絕學無為閑道人。不除妄想不求真。
無明實性即佛性。幻化空身即法身。
法身覺了無一物。本源自性天真佛。
五陰浮雲空去來。三毒水泡虛出沒。

目 錄

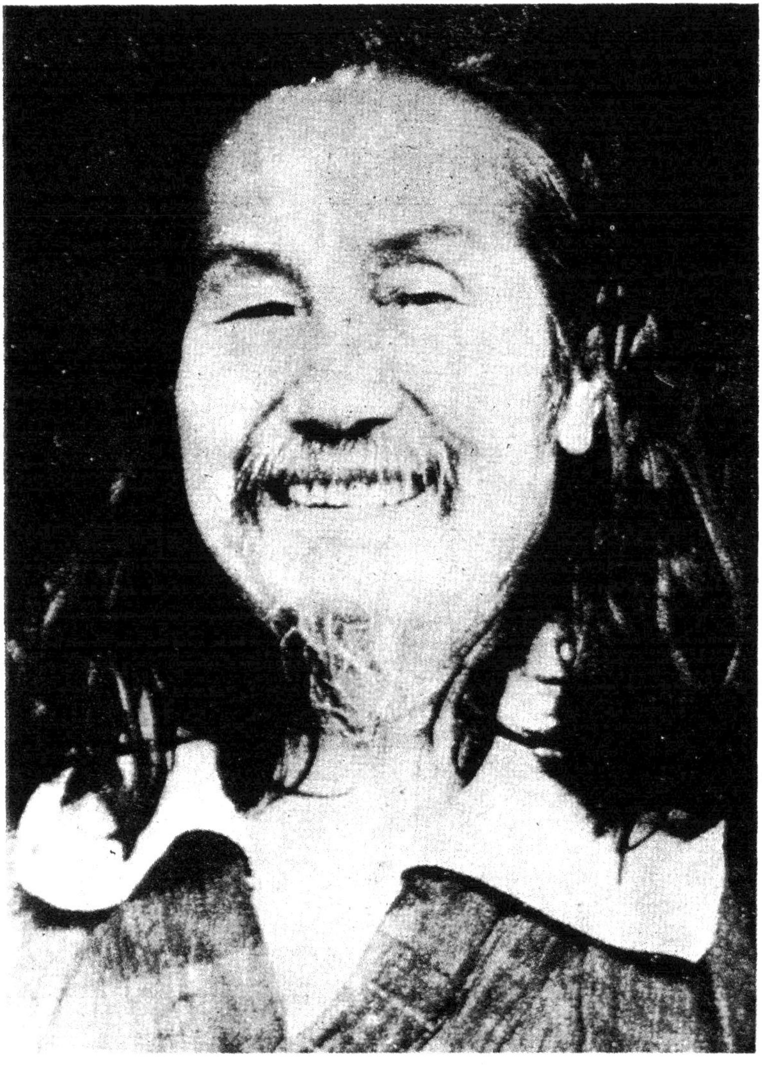

月溪法師法相

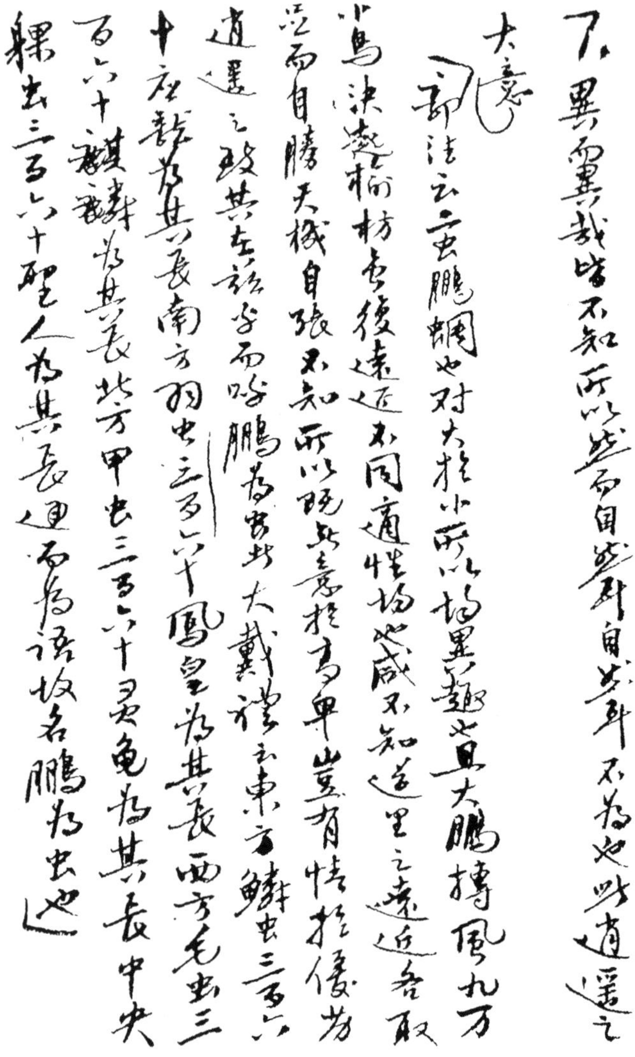
了異而異哉皆不知所以然而自然耳自然耳不為也此逍遙之
大意
郭注云夫鵬鯤也對大於小所以均異趣也且大鵬搏風九万
小鳥決起榆枋雖復遠近不同適性均也咸不知道里之遠近各取
足而自勝天機自張不知所以然也意在乎卑高有情於優劣
逍遙之致其在語寡而喻鵬為寓此大戴禮云東方鱗虫三百六
十而鳳為其長南方羽虫三百六十鳳皇為其長西方毛虫三
百六十而麒麟為其長北方甲虫三百六十靈龜為其長中央
倮虫三百六十聖人為其長通而為語故名鵬為虫也

月溪法師手跡

新編月溪法師文集緣起

自在居士

在我國，禪宗的黃金時代是在唐、宋時期。六祖以後高僧輩出，悟道祖師不計其數，然而在唐、宋以後禪門就逐漸式微了。禪的行者一旦墮入思惟、名相及文字語言的窠臼，那麼便與直指的本懷相差十萬八千里了。祇一味地在法上論說，終究離不開「口頭禪」；一味地枯坐，那就是典型的「枯木禪」；祇會念話頭或者將古人公案拿來剖析並且說出一番大道理的，那就是「話頭禪」或「公案禪」；有用止觀雙運來參禪的，那就是「止觀禪」。不說上述的方法對不對，若想以此明心見性，恐怕是相當的困難。爲甚麼會如此呢？因爲上面這些都離不開在妄念上做功夫呀！而近代的禪門行者不在妄念上做功夫的簡直鳳毛麟角。

在近代，能夠看出禪門種種弊端的，首推月溪法師。他是箇真正徹見本源的過來人，凡所說法都是從自性中流露，絕不墮入前人的思想陷阱中。在註解經典時都是從體性（佛性）上發揮，而不在文字語言的表面上作文章。在後人整理的文集當中，最能夠表現月溪法師思想精髓者，首推《大乘絕對論》。這是一本相當殊勝的文集。「絕對」者是佛性的代名詞，簡言之，《大乘絕對論》是從佛性上發揮以說明古今中外思想界的種種不究竟處。這一點，吾人以爲相當重要，假如沒有月溪法師的明說，一般人很難瞭解古今中外思想界的毛病究竟出在何處。佛性本體雖然不可說、不可思議，但《大乘絕對論》已然道出整箇佛性的架構，這對很少深入經藏的現代人而言，可以在極短的時間中明瞭整箇佛陀說法的旨要，這在繁忙的工商社會中，顯得相當重要。因爲要現代人窮年累月埋首於浩瀚的經典中，實在不太可能，而大乘典籍的艱深，苟非徹見本地風光的過來人，很難瞭解箇中三昧。當然，對一位未徹見本地風光的人而言，對《大乘絕對論》的瞭解也一定僅止於表相，也就是說祇認得一點皮毛罷了！但不管怎麼說，這是一本相當白話且說理也很能深入淺出的文集。

至於月溪法師所著的其他文集，包括對經典方面所做的註疏，也都是從佛性上發揮。而對於「無明」，月溪法師有一套獨特的看法。他將無明分爲「無始無明」及「一念無明」兩種，表面看來，這也許好像沒有甚麼，然而吾人以爲這在修行上却是相當的重要，很多修行人窮其一生都無法證果，問題就是出在他分不清甚麼是無始無明，甚麼是一念無明，而祇會在一念無明上下功夫。這是捨本逐末的做法。

翻開歷代祖師的著述，吾人很少發現有祖師將「無明」這麼清楚地宣說出來的，這也難怪很多修行人的目標都祇是在做斷妄念（一念無明）的功夫。問題出在這一念無明根本斷不了，斷了前念，後念馬上跟著生起，斷了又生，生了又斷，簡直無有了時，所謂「止觀雙運」、「一心三觀」、「眼觀鼻，鼻觀心」等的修法都離不開斷妄念。其實，本性是被無始無明所遮障，而一念無明祇是無始無明的產物。吾人若想親見本性，那麼所要打破的就是無始無明，而一念無明剛好是用來作爲打破無始無明的工具。在修行的階位上，吾人實在不應該斷一念無明，反而應該好好利用它纔對！其實，在見性的當下，無始無明就被打破了，而在沒有無始無明作爲前提之下，那麼一念無明也就轉爲本性的妙用了！無始無明是可破的，而一念無明不可破，祇在見性的當下轉爲本性的妙用。在修行之初，如果沒有上面的這種認知，那麼想明心見性，無異緣木求魚。

無疑的，月溪法師是「末代禪」的中流砥柱，有他出來爲文，掃除種種似是而非且不究竟的末代禪法，讓吾輩於修行之初，就可以很明白地看清方向而避免誤入歧途。很顯然的，月溪法師的文集，是禪海中的燈塔。欣聞臺北圓明出版社計畫蒐羅、整理，出版《月溪法師文集》，誠令人頓感禪悅瀰溢，對於那些找不到門路或迷失在歧途的衆多修行者而言，這套文集的面世，諒必是一大「福音」！而這套文集的整理、校勘及次序的編排幾乎都由臺灣大學的郭哲志及林淑娟兩位大德一手包辦，其發心之誠及熱心的參與，吾人也應給予讚賞。

唯文字語言終究離不開「方便道」，這套文集當然也不例外。吾人應該透過文字語言的底蘊去瞭解說法的本義，以便紮紮實實的實修實證。

序

郭哲志

〈證道歌〉是中國禪宗很重要的一篇作品，全篇體裁係以詩歌形式來表現，不僅詞句優美易於讀誦，整篇文字更是氣勢磅礡一氣呵成，將禪宗頓教法門的宗旨與精神發揮的淋漓盡至，自來皆名爲〈永嘉證道歌〉，以爲永嘉大師所作。月溪法師對於此點則有獨到的看法，根據法師所述，他曾於西安臥龍寺獲得一本宋版的〈證道歌〉，其名卻是〈荷澤證道歌〉。於是由此生疑，便將〈證道歌〉和《永嘉集》的內容口吻作一番比較，認爲〈證道歌〉應是出自荷澤神會的手筆，且爲其定宗旨時所作，惟「定宗旨」一事太過激烈，後人爲避免引起北宗門人更多的爭議，便將其易名爲〈永嘉證道歌〉，以避重就輕地保留此文流傳。

這件千餘年前的是非與真相，今日已沒有太多的證據可資判定，不過若純就文中所提到的「建法幢，立宗旨，明明佛敕曹溪是」、「法東流，入此土，菩提達摩為初祖，六代傳衣天下聞，後人得道何窮數」、「去聖遠兮邪教深，魔強法弱多怨害，聞說如來頓教門，恨不滅除令瓦碎」、「圓頓教，勿人情，有疑不決直須爭，非是山僧逞人我，修行恐落斷常坑」、「從他謗，任他非，把火燒天徒自疲」、「不因訕謗起冤親，何表無生慈忍力」、「若是野干逐法王，百年妖怪虛開口」，再參照永嘉「一宿覺」與神會「定宗旨」兩箇人平生的行誼與風格，似乎還是以神會所作較爲合理，也比較能解釋〈證道歌〉的內容何以對於破邪顯正及禪宗法脈傳承有諸多提及之處。

然而無論是出自何人所作，〈證道歌〉本身的價值則是猶如天上的恆星，其光芒縱歷千古亦不曾稍減，更是每一位禪宗門人所應珍視並善加利用的一把金剛寶劍，拿它來作檢定的工具，很多現代人說的法大概都不堪一擊。譬如「絕學無為閑道人，不除妄想不求真」、「頓覺了，如來禪，六度萬行體中圓」、「爭似無為實相門，一超直入如來地」、「不求真，不斷妄，了知二法空無相」、「彈指圓成八萬門，剎那滅卻三祇劫」、「直截根源佛所印，摘葉尋枝我不能」，這些說法比之今人說的參禪要「悟後起修」、「長養保任」、「眼觀鼻，鼻觀心」、「活在當前一念」，其間相去幾何，就交由學人自己去判別了。

其次，談到荷澤神會大師。對於禪宗法脈的弘揚與流傳，神會大師的貢獻可以說是六祖以下的第一人，可惜由於門下没有傑出的法嗣，之後的法脈幾乎都是由南嶽懷讓和青原行思兩派所傳下。到了今日，神會的聲名與貢獻已少有人知，這是很不公平的。我們要知道，禪法的流傳並非是一帆風順的，從達摩到六祖，代代幾乎都有受迫害的記錄，即使在六祖身後，盛行的禪法也不是六祖的如來頓教禪，而是神秀的清淨漸修禪。這一直要到神會設無遮大會破清淨漸修禪後，整箇情勢纔倒轉過來，從此天下學道者皆宗曹溪。可以說，禪法的弘揚與流傳，神會是居於極重要的地位。更且，今日禪宗的重要著作，如《六祖壇經》、〈證道歌〉、〈顯宗記〉，即便未全部出自神會所作，亦與其有密不可分的關係。為了讓今人對這位胡適先生所稱「其說具在，今布天下，凡言禪皆本曹溪，其實是皆本於荷澤」的神會大師有更多的認識，我們在本書順便收集了胡適先生著的〈荷澤大師神會傳〉、敦煌出土的神會遺著，及歷來關於神會的一些記載，以供學人參考之用。

最後，我們要對胡適先生在其著作〈荷澤大師神會傳〉中所提到的「定慧」、「無念」、「因緣」、「自然」等觀念略作一番修正，以免讀者因文害意。良以禪宗係以明心見性為本懷，縱有說法，也都是從真心本性來立論。所以禪宗言「定」並非是禪定的「定」，而是指自性的體性無生、如如不動；禪宗言「慧」也不是指知解的「慧」，而是指從自性能生起恆沙妙用的般若智慧；言「無念」並非是甚麼念都不要有、不要去分別，或者將一切的妄念斷盡，而是指見性後，念念都是真如自性，雖然有念，卻無一切的妄想執著。簡言之，宗門的用功並非是要學人如何在定慧或無念上作功夫，而是要當下去頓見本性，一旦見性後，便「不定也定」、「不慧也慧」、「念而無念」了。

至於佛家的「因緣」與道家的「自然」之說，道家認為自然就是「道」，此「道」能生一，一生二，二生三，三生萬物，能回歸這箇道，就能掌握宇宙運行的法則。然就佛家觀之，這種「道」也還是屬於生滅的範疇，甚至可以說是生滅輪迴的根本，宇宙原本就是緣生緣滅的，「道」本身並不能將生滅輪迴解決掉。此外，佛家講的「自然智」、「無師智」亦和道家的「自然主義」或「無為」意思不同。「自然智」或「無師智」是指真正的般若智慧，是自性中原本具足、不假外求的，「無為」或「體法自然」祇是一種任病，並不能達到佛家的明心見性。佛性本體是不生不滅、無來無去的，和自然界中的「因緣生，因緣滅」或「由真起妄，返妄歸真」是了不相干的。

在宗門式微的今日，希望學人在研閱〈證道歌〉時，能體取神會及歷代祖師護持宗門的一番苦心，好好地去找回自己的「本源自性天真佛」，並且能將正法代代相傳，莫令斷絕！

香港沙田萬佛寺開山祖師第一代主持
月溪上人肉身法體鋪金圓滿陞座碑

佛法自漢明帝時傳入中國，摩騰、竺法蘭自西域以白馬馱經而來，因於洛陽建白馬寺，佛法即盛傳中土。迨六朝梁武帝時，達摩初祖一葦東來，以衣鉢相傳。至唐朝，惠能六祖弘法南來，肉身成佛於廣東南華寺，衣鉢之傳廢。而禪宗大乘佛法在中國繼續發揚，儒家學者每多精研深究，以致高僧輩出，宗門鼎盛，代有傳人，尤對中國學術界影響甚大，宋明理學即其顯著者也。歷代祖師見性成佛者甚多，惟具有金剛不壞之身，成爲肉身菩薩，金相莊嚴者，殊不多見。今月溪上人，俗姓吳，昆明人也。原籍浙江錢塘，後遷滇，考諱文鏡，積學隱德；妣陸氏聖德，茹素念佛，有子五人，上人其幼也。上人幼聰慧，好讀書，受儒業於汪維寅先生。年十二讀〈蘭亭集序〉，至「死生亦大矣，豈不痛哉」一句，慨然有解悟，問先生如何方能不生不死？先生告曰：「儒言：『未知生，焉知死？』」自是兼攻佛學，尤專心老、莊，濂、洛、關、閩之學，博綜六經。隨肄業於滬，偏參江浙名山梵刹，叩問諸大德。年十九在震旦大學卒業，決志出家弘揚大法。父母幼爲訂婚，堅不娶，即於是歲禮本境靜安老和尚剃染受具。甫出家，精進勇猛，於佛前燃無名、小二指，並剪胸肉掌大，炷四十八燈供佛。並發三大願：一、不貪美衣食，樂修苦行，永無退悔。二、偏閱三藏一切經典，苦心參究。三、以所得悉講演示導，廣利衆生。後隨悟參法師，學天臺、賢首、慈恩諸宗教義。年二十二，遂徧蒞衆會説法講經，聽者如市。膺金陵之請，講楞伽法會，得參牛首山獻花巖鐵巖大德，上人往參問巖曰：「我今將妄念斷盡，不住有無，是明心見性否？」巖曰：「否！是無始無明境界。」上人問曰：「臨濟祖師説是無明湛湛，黑闇深坑，實可怖畏。是否？」巖曰：「是！汝不可斷妄念，用眼根向不住有無黑闇深坑，那裏返看，行住坐臥，不要間斷，因緣時至，無明湛湛，黑闇深坑，囫的一破，就可以明心見性。」上人聽此言，如飲甘露，由此用功，日夜苦參，形容憔悴，瘦骨如柴。至八月某中夜，聞窗外風吹梧桐葉聲，豁然證悟，時通身大汗，曰：「哦！原來原來，不青不白，亦不參禪，亦不念佛，亦無死生事大，亦無無常迅速。」信口説偈曰：「本來無佛無衆生，世界未曾見一人；究竟瞭解是這箇，自性還是自己生。」向窗外望，正是萬里晴無雲，四更月在天，時上人年二十四歲。數日後再往見巖，將所悟稟呈，巖曰：「汝證悟也，今代汝印證，汝可再將《傳燈錄》印證，汝大事畢矣，有緣講經說法度衆生。」上人今後講經，依照《華嚴經》：佛性恆守本性，無有改變，始終不改；佛性無染、無亂、無礙、無厭，不受薰染；佛性不起妄念，妄念從無始無明起；除卻止、作、任、滅四病，不斷妄念，用一念破無始無明爲主要。上人講經說法，皆從自性中流露出來，不看他人註解。後應川、湘、鄂、贛、皖、閩、粵、陝、甘、青、滬、平、津、魯、豫、熱、晉、京、浙、香港、澳門各處邀請講經，數十年無虛度日，講經數百會。性好遊，歷終南、太白、香山、華山、峨嵋、九華、普陀、五臺、泰山、嵩山、黃山、武當、匡廬、茅山、莫干、嶼山、恆山、羅浮山等說法。每遊雲霞深處，數月忘歸。所到名山，必有詩對。善七絃琴，遊必攜琴隨身，遊華山時曾自書有《華山待月室記》。生平著作甚多，計有《大乘絕對論》、《大乘佛法用功概論》、《大乘八宗修法》、《大乘佛法簡易解》、《四乘法門》、《禪宗修法》、《禪宗史略》、《佛法大綱》、《月溪法師開示》、《用周易老莊解釋佛法之錯誤》、《佛教人的生觀》、《佛法問答錄》、《月溪法師講無始無明》、《月溪法師講念佛法門》、《月溪法師詞附詩》、《證道歌顯宗記註解》、《楞伽經疏》、《圓覺經疏》、《金剛經疏》、《心經疏》、《維摩詰經疏》等九十八種，凡千萬言，其功德之偉大，誠足稱矣。上人節操高邈，度量出羣，不應酬世法，性度弘偉，風鑑朗拔，雖宿儒英達，莫不服其深致。與海內宿儒江寧魏梅蓀家驊、醴泉宋芝田伯魯、閩海黃石蓀曾源、仁和葉任皋爾愷、番禺張漢三學華、吳玉臣道鎔、汪憬吾兆鏞、南海桂南屏坫、雙城翟羲人文選、如臯冒鶴亭廣生、長安宋菊塢聯奎、餘姚章太炎炳麟、臨川李梅菴瑞清、吳興王一亭震、山陰朱子橋慶瀾、臨海屈文六映光、番禺金滋軒湛霖時有唱酬。上人所著書，皆能匯各家之旨趣，振百代宗風，本明心見性之真傳，要在破無始無明，以弘揚大法，使天下古今中外之理哲，皆能分別異同，有所指歸。若江漢之朝宗於海，發前人之所未發，言前人之所未言，使後之學者，有所依歸，闡明義理，炳耀千秋。上人前在廣州重修大佛寺，備極莊嚴壯麗，和平後來香港，在沙田萬佛山建蓋萬佛殿、彌陀殿、天王殿、觀音殿、準提殿、韋馱殿、萬佛塔、羅漢欄等。自辛卯年興工，至丁酉年圓成，歷時七載，均親身參與擔鐵運石，造塑佛像，事必躬親。曾豎一指說法曰：「來本不來，菩提非樹，明鏡非臺；去本不去，上無片瓦，下無寸地。古今諸佛，皆在老僧指頭上放光現瑞，轉大法輪。」上人有剃染徒二：長妙相法師，丁亥年病逝昆明；次任內地某大學歷史系教授。徒孫六人，均在內地。悟道弟子八人：五臺寂真尊宿、明淨尊宿、北平李廣權居士、上海周運法居士，餘四人均先逝，皈依弟子伍拾餘萬衆。上人自去年乙巳歲三月二十三日晚圓寂，趺坐入龕，嘗語其左右及弟子衆，其法體封龕入土，八箇月內便可將肉身請出，加漆鋪金，供奉寺內。同年十一月十七日，弟子衆撥土移墓開龕視察，即見五官俱全，鬚髮仍留，整體無缺，呈黃金色，燦然可觀，其生平苦修行持，戒律精嚴，於此可見。在此科學昌明時代，生活物質化之社會，與亞熱帶天氣之香港，而能有此奇蹟出現，真是六祖而後，千餘年罕有之事，香港開埠以來，今始獲睹，誠佛教界之光榮，亦吾港人之幸福也。今將於丙午年農曆四月初八日在萬佛寺彌陀殿陞座供奉，敬希海內及港九諸山大德，暨各界善信四衆弟子等屆時蒞臨，以觀厥成此一佛教界劃時代之盛舉，而創永恆之聖蹟也。

萬佛寺第二代主持胞侄　吳星達　謹撰

監察院專門委員總編纂　林德璽　敬書

中華民國六十二年歲次癸丑十一月

禪宗頓漸之爭的透視

這是中國佛教史上最重要的問題，亦是中國思想史上最重要之一頁。
這問題掀起了軒然大波，
這事件創造了很多美妙的佛學名著，
這問題把佛學史家的眼睛弄花了，
這問題把「禪法」的真面目弄模糊了，
原來〈證道歌〉不是永嘉玄覺的作品，而是荷澤神會爭正統時的作品。
《永嘉集》是代表漸派的思想，是攻擊頓派的作品；
〈證道歌〉是荷澤駁斥永嘉的作品。
頓派思想以《維摩詰經》、《金剛經》爲根源，
漸派思想以「斷妄念」教理爲根源。
頓派强調達摩傳衣故事，
漸派强調達摩面壁故事，並僞造《菩提達摩大師略辨大乘入道四行》。

《楞嚴經》有漸派添增的痕迹。
頓派僞造達摩大師《血脈論》、《悟性論》、《破相論》、五祖弘忍《最上乘論》。

神會與證道歌

〈證道歌〉是我國禪宗的重要著作，外國學者把它當做中國大乘論來看待的，一向是著名的〈永嘉證道歌〉，後來有人懷疑過它不是永嘉禪師所作的。好多年前月溪於西安臥龍寺偶然獲得到一本宋板（版）的〈證道歌〉，著者卻是神會（這本書可惜在戰爭中失掉了），引起我的疑心，於是我拿〈證道歌〉來和《永嘉集》仔細的參對，覺得兩者在思想和口吻上皆大相逕庭；又把它來和神會的〈顯宗記〉參對，則不但思想相同，而且文字口吻都極近似。但是我仍不明白人們把它改爲永嘉作品的用意何在？後來讀了胡適根據敦煌寫卷的《神會和尚遺集》，我再把它拿來詳細的參對一下，於是我便確定〈證道歌〉是神會爭南宗正統時的作品，再没有甚麼疑義的了。它之所以被改易著者名稱，是因爲爭正統的事件鬧得太激烈了，當這事件和緩下來，以及一般佛教中溫和派的人以免我配外拐，或者說是對方的人才，用這種辦法來掩飾一下的。所以關於此事的始末在史上很少提及，即使有也不過是很含糊的幾句，這是同樣底理由的。

〈顯宗記〉一文，大家都曉得是神會「定宗旨」時的宣言，但有如胡適所說，「禪八股」的氣味很重，所以有時近於空洞而乏力。但〈證道歌〉則不同，它所表現的是明確的思想、正直的口吻，自首至尾都充滿著力量和氣魄，就是在文學上亦應該佔一位置的。現在我們既然確定它是神會爭正統時精心結構出來的有力作品，那麼對於這位大師的思想，便可得到更明確的把握，而且對於這件中國思想史上的重要事件，亦可以得到更充實的助證。

我們出家人所注重的是「學佛」，而不是「佛學」，對於釋迦佛的妙理，不是把它當做學問來考據，而是把它當做了生脫死、度己度人的切身方法來實踐，所以這千百年前的一場「是非」，本來没有甚麼閑心來舊事重提的，但是我對於胡適表揚神會「定宗旨」一事的功績是衷心表示敬佩的，雖亦如錢穆先生一樣覺其有點「太過洗染」之處，無疑的亦承認它的重要性的存在。這事件是「舊禪法」與「新禪法」的鬥爭的一箇關鍵，在佛法夕微的今日，把這事尋出一箇清楚的輪廓，對於佛徒們修行用功方面是不無補益的，同時對於一般從事佛學史的整理者，亦可貢獻一點芹曝之見，因此我冒了「言詮」和知解之嫌，提起了我的久已擱置的筆桿來了。我們想明白「北漸南頓」之爭的來源，是先要注目於「舊禪法」和「新禪法」

的根本差異之點，和它在歷史上思想上的背景的。我是禪宗的學人，對於參禪的各箇階段曾經得到一些麤淺的閱歷，因此我的看法和一般學者們的看法，自然不無出入之處。考據方法既非所諳，手邊又沒有多量的參考書籍，衹好靠著記憶力和想像力來作一籠統的敍述，明知空疏之過是無法避免的，但衹要能引起中國思想史的研究者們一點遙遠的想像力，我就心滿意足了。

自從姚秦鳩摩羅什大師和當時一般中印大師們，努力的介紹佛法典籍到中國來，我國思想界便開始了一箇新時期，經過不斷的努力和綜合，一直到隋唐的智者大師成一箇有系統的思想。而此一思想雖已成熟，但內容都是複雜的，大、小乘扭做一團，儒、道、釋拼在一起，這時禪法便產生了出來，而且日趨成熟，這是無法否認的。大凡一件東西成熟達到頂點的時候，便是腐化的開始，在此一思想勢力日益擴大，支配了佛法主流而且日趨猥瑣的時期，已有另一箇站在對立方面以嶄新姿態出現的方法在開始了，這就是菩提達摩所傳的簡樸直截的禪法。這新禪法以反對者的態度出現，無疑的要受舊派的排斥和迫害的，這是時勢之當然。一般考據家以爲菩提達摩史迹已過於糢糊，和記載上日期之發生問題，便武斷的認爲達摩是一位「烏有先生」，抹殺了他的「新禪法」的傳法者的地位，這是不公平的。禪宗思想和方法在印度大乘經典中是可找到明確的根據和地位的，我們祇看達摩之六次遇毒終致喪生，便可相信他是因爲方法之不同而被舊派所迫害。他的傳法弟子慧可的斷臂立雪的英勇故事，近時已有人發現另一記載，是說他遇了盜賊而被砍斷手臂的，這是被一般佛學史家認爲比較可靠的記錄，但我以爲這位身無長物的苦行僧人，未必爲「大王」們所肯垂青的，他的給人砍斷手臂，或者就是反對派之横加謀害，他的師父既然遇毒六次而喪生，則徒弟被砍一刀自是極可能而無法避免的事情。後來他得達摩傳法之後，佯狂市井，出入茶坊酒肆，卒爲舊派的人以「妖言惑衆」陷之於獄而死。

三祖僧璨、四祖道信和五祖弘忍鑑於先代之歷受迫害，自然是提心吊膽，不敢太露頭角，對於主張漸修的舊禪法，表面上亦不敢公開反對。在弘忍門下的徒弟羣中，以神秀爲最有學問和德望，他的方法是屬於舊派的系統的，並非弘忍的心傳。我們以爲神秀先是舊派中一箇有名的人物，後來纔到弘忍門下的，他之到來是否由於舊派之指使或負有「之口不韋」那樣陰謀的使命我不敢斷言，但顯然的弘忍對他既不滿意又不敢有所指摘，不久他便支配著全部學徒的思想，而且把弘忍緊緊的包圍住了。但弘忍心下是十分明白的，他雖然爲免禍之故不敢反對他們的行爲，但一心一意要找一位無黨無派可以傳受衣缽的妥當的徒弟，不過這事是要極端謹慎祕密的進行，纔免發生事故。所以當那箇來自嶺南的不認識字而又異奇絕頂智慧的蠻子惠能到來扶持時，他一眼便看中了，這無疑的不是一箇奸細，而且具有魄力和革命精神的，他老人家看了心中闇闇歡喜卻不敢稍露聲色，所以故意叫他獦獠，給他一件極麤重的工作，而且禁止他到堂上來，一面卻在没人注意的時候便去教導他，最後把衣缽傳給他。如果不是在他老人家周圍都是舊派人的埋伏，他又何必這樣做呢?他老人家隱忍已經很久了，我們可以想像他的環境的困難和用心之艱苦。在他傳法給惠能的那天晚上，他一定對他說：「徒啊!我們許多代以來便遭受了迫害和犧牲，你要趕快離開這裏，他們會把你逼害的。你的智慧和魄力都使我毫無遺憾，就是才氣太露，不是明哲保身之道，要趕快逃回嶺南去，那裏舊派氣燄比較薄些。可是你負了傳續慧命的重大責任，仍須晦迹藏輪支持到年紀大一點、經驗多一點，纔出來弘揚我們先代的禪法，千萬記住這話!」

當惠能已經離開之後，弘忍便放心了，於是託病，豈知他的衣缽已傳給人去了，這是故意要給那心懷叵測的陰謀者一點打擊的。神秀雖然表示淡然，但他的同黨卻不肯放手的，待到他們受那位「法奸」惠明和尚哄騙而大家失望折回之後，便心灰意冷而另圖出路了。弘忍老頭子是勝利了，不久之後神秀便離開他，捧著他的招牌到荊南去做宣傳漸法的工作了。

神秀是智（知）識份子，惠能是不識字柴夫，但他們的聰明和手腕可說是棋逢敵手的。神秀擇定了荊南這箇戰略地點是頗有眼光的，這地點在當時是交通要道、經濟的重心。待到基礎已經完成，他又到東京去略施小技，便把皇帝抓到手裏來，這麼一來，一班王公大臣和社會頂層的人們，便附帶的圍繞到他的身邊來了，所以他便拿到兩京法主的地位，勢力大大擴充了。

我們再來看一下砍柴夫的策略罷。他在隱晦了十六年之後，卒於一鳴驚人的在廣州出現了，但他的眼光投在那廣闊的鄉間和普徧的羣衆身上，他不願交結官府借仗勢力，祇想樸素而確實的作深入民間的宣傳，使一般善良的老百姓得到法施的實際利益，他連都市的廣州亦不願居留，而擇定了韶州的曹溪。他和神秀的態度剛好相反，神秀應詔到東京當國師，受大臣權貴的頂禮供養，而惠能則奉詔而稱病不肯來。這地點亦是一極理想的地位，他是位居江西、湖南、廣東三省交界的地區，進可以取，退可以守的，不但是深入民間，而且可以吸引中原的優秀分子。後來他的高足懷讓和行思，便是在江西之青原、湖南之南嶽，弘揚他的禪法，而衍成禪宗的兩大派。神秀他因爲佔據要路，不但是三朝國師，門下又出了三位國師，普寂聲望尤高，他們仗皇帝的力量權威無比，在表面上好像有掩蓋南宗之勢，但惠能底下明心見性者四十餘人，各化一方，潛勢力亦相當雄厚。

待到普寂立神秀爲六祖，而自稱七祖時，神會便奮身而起來，爲南宗爭正統的地位。他知道神秀的漸修法門，明明是舊派的系統，與達摩所傳的新禪法不同，卻想用斧底抽薪的方法，瞞過了世人的耳目，他的門下普寂甚且自立爲正統，這是不可容忍的，如果再容忍下去，則後世對於達摩禪法內容究竟如何，便無法辨別了。這是關係重大的事件，所以神會雖明知這「北伐急先鋒」的任務是非常艱巨而危險的，但他不惜「披龍鱗，履虎尾，殉命竟軀」的幹一下。同時他亦看清了北宗養尊處優已久，內部日益腐化，而且「漸法」根本就是不健全的、不徹底的，南宗仍有相當的潛勢力，而且名正言順，方法又正確，與其說他爭南宗法統，不如說是要使天下修道者不致陷入不徹底的歧途。所以不顧身命，興北伐之師，到處開無遮大會，破漸門清淨禪，而立頓門的如來禪，攻擊神秀門下的「師承是傍，法門是漸」（宗密《承襲圖》中語），最有名的滑臺大雲寺和洛陽等會皆是有聲有色。當時會下有一箇有名的「山東遠」法師用著婉轉的口氣，質問他說：「普寂禪師名字蓋國，天下知聞，衆口共傳不可思議，何故如此苦相非斥？豈不與身命有讎？」神會侃侃地答道：「我自料簡是非，定其宗旨，我今爲弘揚大乘建立正法，令一切衆生知聞，豈惜身命！」卒把北宗擊敗，而有「普寂之門，盈而後虛」（《宋高僧傳》中語）的結果。北宗藉皇室力量把他貶逐，但他始終不屈不撓。他不但用口頭宣傳，而且用文字宣傳，〈顯宗記〉和〈證道歌〉便是這時的宣傳品，《六祖壇經》無疑的亦是經過他洗染補充，而用來做打擊漸門的有力武器的。這位大師如果生在現代，是當得起一位宣傳部長之職的。

人們一向把南北宗之爭看做是禪宗本身的一件事，而不知道那是包括整箇佛教的新舊派的鬥爭歷史，如果比起歐洲宗教戰爭來，那是一件極微細的事情，但形勢上都有點相像。羅馬天主教新舊派之爭，舊派是和統治勢力結在一起，而新派則是和下層羣衆結在一起，可是舊派本身已經腐化，經不起新派的打擊而自趨崩潰了。神會之「北伐」乃是明爭的，但舊派的人卻一向採用陰謀和闇鬥，諸如《達摩入道四行》。

證道歌溯源

本來無佛無衆生
世界未曾見一人
究竟瞭解是這箇
自性還是自己生

君不見，

絕學無為閑道人，不除妄想不求真。

無明實性即佛性，幻化空身即法身。

法身覺了無一物，本源自性天真佛。

五陰浮雲空去來，三毒水泡虛出沒。

證實相，無人法，刹那滅卻阿鼻業。

若將妄語誑眾生，自招拔舌塵沙劫。

頓覺了，如來禪，六度萬行體中圓。

夢裏明明有六趣，覺後空空無大千。

無罪福，無損益，寂滅性中莫問覓。

比來塵鏡未曾磨，今日分明須剖析。

誰無念，誰無生，若實無生無不生。

喚取機關木人問，求佛施功早晚成。

放四大，莫把捉，寂滅性中隨飲啄。

諸行無常一切空，即是如來大圓覺。

決定說，表真僧，有人不肯任情徵。
直截根源佛所印，摘葉尋枝我不能。
摩尼珠，人不識，如來藏裏親收得。
六般神用空不空，一顆圓光色非色。
淨五眼，得五力，唯證乃知難可測。
鏡裏看形見不難，水中捉月爭拈得。
常獨行，常獨步，達者同遊涅槃路。
調古神清風自高，貌顇骨剛人不顧。
窮釋子，口稱貧，實是身貧道不貧。
貧則身常披褸褐，道則心藏無價珍。
無價珍，用無盡，利物應機終不恡。
三身四智體中圓，八解六通心地印。
上士一決一切了，中下多聞多不信。
但自懷中解垢衣，誰能向外誇精進。
從他謗，任他非，把火燒天徒自疲。

我聞恰似飲甘露，銷融頓入不思議。
觀惡言，是功德，此則成吾善知識。
不因訕謗起冤親，何表無生慈忍力。
宗亦通，說亦通，定慧圓明不滯空。
非但我今獨達了，河沙諸佛體皆同。
師子吼，無畏說，百獸聞之皆腦裂。
香象奔波失卻威，天龍寂聽生欣悅。
遊江海，涉山川，尋師訪道為參禪。
自從認得曹溪路，了知生死不相干。
行亦禪，坐亦禪，語默動靜體安然。
縱遇鋒刀常坦坦，假饒毒藥也閑閑。
我師得見然燈佛，多劫曾為忍辱仙。
幾迴生，幾迴死，生死悠悠無定止。
自從頓悟了無生，於諸榮辱何憂喜。
入深山，住蘭若，岑崟幽邃長松下。

優遊靜坐野僧家，閒寂安居實瀟灑○
覺即了，不施功，一切有為法不同○
住相布施生天福，猶如仰箭射虛空○
勢力盡，箭還墜，招得來生不如意○
爭似無為實相門，一超直入如來地○
但得本，莫愁末，如淨琉璃含寶月○
既能解此如意珠，自利利他終不竭○
江月照，松風吹，永夜清宵何所為○
佛性戒珠心地印，霧露雲霞體上衣○
降龍鉢，解虎錫，兩鈷金環鳴歷歷○
不是標形虛事持，如來寶杖親蹤跡○
不求真，不斷妄，了知二法空無相○
無相無空無不空，即是如來真實相○
心鏡明，鑑無礙，廓然瑩徹周沙界○
萬象森羅影現中，一顆圓光非內外○

豁達空，撥因果，莽莽蕩蕩招殃禍。
棄有著空病亦然，還如避溺而投火。
捨妄心，取真理，取捨之心成巧偽。
學人不了用修行，深成認賊將為子。
損法財，滅功德，莫不由斯心意識。
是以禪門了卻心，頓入無生知見力。
大丈夫，秉慧劍，般若鋒兮金剛燄。
非但空摧外道心，早曾落卻天魔膽。
震法雷，擊法鼓，布慈雲兮灑甘露。
龍象蹴蹋潤無邊，三乘五性皆醒悟。
雪山肥膩更無雜，純出醍醐我常納。
一性圓通一切性，一法徧含一切法。
一月普現一切水，一切水月一月攝。
諸佛法身入我性，我性同共如來合。
一地具足一切地，非色非心非行業。

彈指圓成八萬門，剎那滅卻三祇劫。
一切數句非數句，與吾靈覺何交涉。
不可毀，不可讚，體若虛空勿涯岸。
不離當處常湛然，覓即知君不可見。
取不得，捨不得，不可得中祇麼得。
默時說，說時默，大施門開無壅塞。
有人問我解何宗，報道摩訶般若力。
或是或非人不識，逆行順行天莫測。
吾早曾經多劫修，不是等閑相誑惑。
建法幢，立宗旨，明明佛敕曹溪是。
第一迦葉首傳燈，二十八代西天記。
法東流，入此土，菩提達摩為初祖。
六代傳衣天下聞，後人得道何窮數。
真不立，妄本空，有無俱遣不空空。
二十空門元不著，一性如來體自同。

心是根，法是塵，兩種猶如鏡上痕。
痕垢盡除光始現，心法雙亡性即真。
嗟末法，惡時世，眾生福薄難調制。
去聖遠兮邪見深，魔強法弱多怨害。
聞說如來頓教門，恨不滅除令瓦碎。
作在心，殃在身，不須冤訴更尤人。
欲得不招無間業，莫謗如來正法輪。
栴檀林，無雜樹，鬱密森沈師子住。
境靜林閑獨自遊，走獸飛禽皆遠去。
師子兒，眾隨後，三歲便能大哮吼。
若是野干逐法王，百年妖怪虛開口。
圓頓教，勿人情，有疑不決直須爭。
不是山僧逞人我，修行恐落斷常坑。
非不非，是不是，差之毫釐失千里。
是則龍女頓成佛，非則善星生陷墜。

吾早年來積學問，亦曾討疏尋經論。
分別名相不知休，入海算沙徒自困。
卻被如來苦呵責，數他珍寶有何益。
從來蹭蹬覺虛行，多年枉作風塵客。
種姓邪，錯知解，不達如來圓頓制。
二乘精進勿道心，外道聰明無智慧。
亦愚癡，亦小騃，空拳指上生實解。
執指為月枉施功，根境法中虛揑怪。
不見一法即如來，方得名為觀自在。
了即業障本來空，未了應須償宿債。
饑逢王膳不能餐，病遇醫王爭得瘥？
在欲行禪知見力，火中生蓮終不壞。
勇施犯重悟無生，早時成佛於今在。
師子吼，無畏說，深嗟懵懂頑皮靼。
祇知犯重障菩提，不見如來開祕訣。

有二比丘犯淫殺，波離螢光增罪結。
維摩大士頓除疑，猶如赫日銷霜雪。
不思議，解脫力，妙用恆沙也無極。
四事供養敢辭勞，萬兩黃金亦銷得。
粉骨碎身未足酬，一句了然超百億。
法中王，最高勝，河沙如來同共證。
我今解此如意珠，信受之者皆相應。
了了見，無一物，亦無人，亦無佛。
大千沙界海中漚，一切聖賢如電拂。
假使鐵輪頂上旋，定慧圓明終不失。
日可冷，月可熱，眾魔不能壞真說。
象駕崢嶸謾進途，誰見螳螂能拒轍。
大象不遊於兔徑，大悟不拘於小節。
莫將管見謗蒼蒼，未了吾今為君訣。

證道錯用功易犯的病有四種，分析如下：

一、止病。將一切思想勉强止住不起，如海水不起波，無一點浮漚；小乘斷六根、道家清淨寡欲、絕聖棄智，皆此病也。佛性非「止」而合。

二、作病。捨妄取真，將一箇惡念頭改爲一箇好念頭；背塵合覺，背覺合塵；破一分無明，證一分法身；老子「常無欲以觀其妙，常有欲以觀其徼」、孔子「正心誠意」、宋儒「去人欲之私，存天理之正」，皆此病也。佛性非「作」而得。

三、任病。思想起也由他，滅也由他；不斷生死，不求涅槃；不執著一切相，不住一切相；照而常寂，對境無心；儒家「樂天知命」、道家「返自然，歸嬰兒」，皆此病也。佛性非「任」而有。

四、滅病。將一切思想斷盡，空空洞洞，如同木石一般；中乘破一念無明、老子「惚兮恍兮」、「窈兮冥兮」、莊子「坐忘」、宋儒「我心宇宙」，以及印度外道六師，皆此病也。佛性非「滅」而有。

證道錯用功夫，犯了以上四病，就錯認「四相」爲佛性，茲將「四相」分別闡明於下：

一、我　相。即我執。小乘人斷六根時，「小我」已滅，入於「大我」境界，此時心量擴大，有充滿宇宙之象，清淨寂滅。宋儒所謂「吾心即宇宙」、莊子所謂「坐忘」（出〈大宗師〉篇）、希臘哲學家所謂「大我」、「上帝」、老子所謂「惚兮恍兮，其中有象；恍兮惚兮，其中有物；窈兮冥兮，其中有精」，皆是「我相」境界。

二、人　相。即法執。起後念以破前念，譬如前念有我，乃起後念「不認我」以破之，繼而復起一念以破此「不認我」之念，如是相續，以至無我，破見仍存，悉爲「人相」。莊子所謂「吾今喪我」，即此相也。

三、衆生相。亦是法執。凡我相、人相所未到之境界，是衆生相。所謂「前念已滅，後念未起，中間是」是也，儒家謂「喜怒哀樂未發之謂中」、《尚書》云「惟精惟一，允執厥中」，此「中」字即衆生相境界。

四、壽者相。即空執。一切思想皆已停止，一切善惡是非皆已忘卻，其中空無所有，如同命根。六祖說是「無記憶空」，二乘誤認爲涅槃境界，其實即「無始無明」，禪宗稱爲「無明窠臼」、「湛湛黑闇深坑」、道家所謂「無極」，即此相境界。

證道用功的修法

三種法門破無始無明，就是「奢摩他」、「三摩鉢提」、「禪那」。「奢摩他」中國話叫做「寂靜」，就是六根齊用破無始無明；「三摩鉢提」中國話叫做「攝念」，就是一根統領五根破無始無明；「禪那」中國話叫做「靜慮」，就是修大乘六度的第五度，六根隨便用一根破無始無明。破無始無明用功，用六根的隨便那一根，我們南瞻部洲(即地球)的人，以眼、耳、意三根爲敏利。如用眼根，眼睛就不向外看，而向內看，其餘五根也不攀緣外境，清清淨淨的看，向腦筋裏面來看，看來看去，看到山窮水盡的時候，達到黑黑闇闇、一無所有的無明境界，這時不可停止，再向前看，看得多囫的一聲，無明就會破的，無明一破豁然貫通，柳闇花明又一村，徹天徹地的看見佛性了；或者六根齊用，清清淨淨的將一切緣放下，眼根反觀觀自性，耳根反聽聽自性，鼻根反聞聞自性，舌根反嚐嚐自性，身根反覺覺自性，意根反念念自性，這樣用功得多，機緣成熟囫的一聲，就會破無明見佛性的；又或者隨用一根統領五根，好比用一主帥統領兵將來進攻敵人一樣，譬如用意根來做主持，其餘五根向無明窠臼來進攻，眼、耳、鼻、舌、身都到意根上去，放下萬緣，清清淨淨的起一箇純淨思想，來向心裏去研究，研來研去研究得多，功夫純熟囫的一聲，無明就會破的；又或者我們沒有時間靜坐用功，就無庸收攝六根，眼由他看，耳由他聽，意由他想，但是於其中要執持一箇念頭來照顧佛性，不論何時何地片刻不忘，好似失去寶珠，必要將它尋獲一樣，如此觀照，機緣一到囫的一聲，也可以見佛性。

經裏邊說：「善男子！此三法門，皆是圓覺親近隨順，十方如來因此成佛，十方菩薩種種方便，一切同異，皆依如是三種事業，若得圓證，即成圓覺。善男子！假使有人修於聖道教化，成就百千萬億阿羅漢、辟支佛果，不如有人聞此圓覺無礙法門，一刹那頃隨順修習。」考查古今禪宗明心見性的人的歷史事蹟，統統照此三箇法門修的。

證道歌。

荷澤是悟後的人，將其境界發揮出來，名〈證道歌〉。

修道之人有證悟、解悟之別，證悟是打破無始無明，見本來面目，而解悟則是瞭解用功道理。道字即是佛性本體，又名「本來面目」，證道是打破無始無明見本來面目，換言之，即見性成佛是也。

君不見。

開首即宣告大衆皆具佛性，皆具足寶藏而不自見。

《梵網經》云：「我是已成之佛，汝等是未成之佛。」

絕學無為閑道人。

絕學者，破無始無明，親見佛性，洞徹本地風光，無佛法可學，無生死可了，無禪道可修，無涅槃可證，三藏十二部經典、一千七百則公案，正所謂不過一笑，故名絕學。

無爲者，諸漏已盡，不受後有，證無餘涅槃之謂，故無漏是也。

《維摩詰經》云：「佛身無漏，諸漏已盡；佛身無爲，不墮諸數。」又無爲者，於法無所得。荷澤禪師曰：「以有所得，並是有爲，全不相應。」閑道人者，明心見性之後，饑來吃飯，睏來打眠，林下水邊，隨緣度日。或終日說法度衆生，而無法可說，無衆生可度，到此境界，身心世界無二無別，不能法身外分別色身，色身外分別法身，淨土外分別穢土，穢土外分別淨土。故《華嚴經》云：「不能於佛法分別世間法，不能於世間法分別佛法，佛法即世間法，世間法即佛法。」《指月錄》潙山上堂曰：「盡十方世界，是箇沙門全身，萬象森羅是箇金剛正體，無壞無雜，無欠無餘，故名閑道人。」

不除妄想不求真。

誌公〈十四科頌〉云：「衆生不解修道，便欲斷除煩惱。煩惱本來空寂，將道更欲覓道。一念之心即是，何須別處尋討？」《圓覺經》云：「居一切時不起妄念，於諸妄心亦不息滅，住妄想境不加了知，於無了知不辨真實。」佛性本來不起妄念，非斷妄想而有，非起妄想而無，若因除妄想而有，起妄想而無，則佛性亦屬生死輪轉矣。故知佛性本來圓滿具足，無欠無餘，證道之人，不除妄想，亦不求真實也。

無明實性即佛性。

明心見性之後，根、塵、識皆變爲佛性，如古人喝棒痛罵、瞬目揚眉、問東拉西、擎拳舉指、豎拂拈槌、持叉張弓、輥毬舞笏、拽石搬土、打鼓吹毛、一默一言、一噓一笑，皆是佛性，和盤托出。古人云：「音聲語言皆是佛性，欲識佛去處，祇這語聲是。青山綠水西來意，翠竹黃花古佛心。」《楞嚴經》云：「山河大地、宇宙萬物，皆是如來妙明真心。」誌公〈十二時頌〉云：「有相身中無相身，無明路上無生路。」《維摩詰經》：「具足三明，與無明等。」六祖云：「明與無明，凡夫見二，智者了達，其性無二，無二之性，即是實性。」

幻化空身即法身。

幻化空身，指四大假合之身，與法身無二無別，不能於色身外分別法身，不能於法身外分別色身。古人云：「撲落非他物，縱橫不是塵。山河及大地，全露法王身。」不但四大假合之身即法身，宇宙萬物皆是法身，法身即淨土，淨土即法身，故《華嚴經》云：「法身充滿於世界，普現一切衆生前。」

法身覺了無一物。

〈顯宗記〉云：「知空寂而了法身，了法身而真解脫。」

法身是大覺，本來覺了，非見聞覺知之覺。無一物者，諸佛衆生、生死涅槃，一法不立，故古人云：「胸中不留元字腳。」

本源自性天真佛。

佛性乃宇宙世界萬物之根源，未有宇宙之前而佛性已存在，衆生現成，具足佛性，出自天然，不假修持，故曰「天真佛」。

《六祖壇經》云：「菩提自性，本來清淨，但用此心，直了成佛。」又云：「各自觀察，莫錯用心，經文分明言：『自皈依佛。』不言皈依他佛，自佛不皈，無所依處。」

〈顯宗記〉云：「涅槃能生般若，即名真佛法身；般若能建涅槃，故號如來知見。」

五陰浮雲空去來。

五陰又名五蘊、五大、五衆，即色、受、想、行、識是也，衆生所以有生死輪迴，皆因錯認五陰作主人翁之故，但就佛性來看，五陰是不相干的。譬如浮雲來去空中，天空不因浮雲而有增損，了不相干，毫無關係。古人云：「五蘊山頭一段空，同門出入不相逢。無量劫來賃屋住，到頭不識主人翁。」誌公〈大乘讚〉云：「諸法本空無著，境似浮雲會散。忽悟本性元空，恰似熱病得汗。」

三毒水泡虛出沒。

經云：「世間諸毒，以貪、瞋、癡三毒爲最，五陰爲體，三毒爲用，相互發揮，一切善惡諸業，因之而生。」但就佛性上來看，三毒如泡影出沒水中，了不相干。

誌公〈十四科頌〉云：「大道祇在目前，迷倒愚人不了。佛性天真自然，亦無因緣修造。不識三毒虛假，妄執浮沈生老。昔時迷日爲晚，今日始覺非早。」「三毒本自解脫，何須攝念禪觀？」石頭禪師云：「長空不礙白雲飛。」《壇經》云：「能迴煩惱爲菩提，迴三毒爲三聚淨戒。」凡人明心見性之後，三毒亦變爲佛性。

證實相。

實相即佛性，《般若經》所謂「實相般若」。證者，證悟之證，乃打破無始無明，見本來主人翁之謂也。六祖云：「本自清淨，本不生滅，本自具足，本無動搖，能生萬法。」馬祖云：「識取自心，本來是佛，不屬漸次，不假修持，體自如如，萬德圓滿。」

《顯宗記》云：「夫真如無念，非想念而能知；實相無生，豈色心而能見。無念念者，即念真如；無生生者，即生實相。」

《維摩詰經》云：「能善分別諸法相，於第一義而不動。」《壇經》云：「念念圓明，自見本性，善惡雖殊，本性無二，無二之性，名爲實性。」

無人法。

就實相中看，無佛可成，無衆生可度，故人法乃落於小乘、二乘，不能破除四相，若明心見性之後，則根本無所謂人法矣。

剎那滅卻阿鼻業。

修大乘功夫者，任用六根中之一根，向無始無明進攻，因緣時至無明窠臼囫的打破，豁然貫通，此一頃刻謂之「剎那」。

梵語「阿鼻」，此云「無間」，乃極苦之地獄。但一旦無始無明打破，則剎那之間，地獄天宮皆爲淨土，五陰、三毒皆爲佛性，到此境界，阿鼻罪業恍如昨夢空花了不可得。故古人云：「實際理地，不受一塵；事相門中，不少一法。」

《壇經》云：「吾有一〈無相頌〉，若能誦持，言下令汝積劫迷罪，一時消滅。」

荷澤云：「用金剛慧，斷諸地位煩惱，豁然曉悟，自見法性本來空寂，慧利明了，通達無礙。證此之時，萬緣俱絕，恒沙妄念，一時頓盡，無邊功德，應時等備。」

《心經》云：「能除一切苦，真實不虛。」

若將妄語誑眾生。

荷澤大師本慈悲普度衆生，一番苦心，如《金剛經》云：「是真語者、實語者、如語者、不誑語者、不異語者。」

《壇經》云：「吾若言有法與人，即爲誑汝。」

《維摩詰經》云：「直心是道場，無虛假故。」

自招拔舌塵沙劫。

言若將小乘、二乘不徹底之法誤衆生，即必自招拔舌塵沙無量劫也。

頓覺了。

高峯禪師用功時，聞枕子墮地，無明窠臼囫的打破，歎曰：「萬不想今日有這般奇特事，事怕有心人！」黃檗禪師云：「不受一番寒徹骨，爭（怎）得梅花撲鼻香。」百丈禪師云：「靈光獨耀，迥脫根塵，體露真常，不拘文字，心性無染，本自圓成，但離妄緣，即如如佛。」荷澤云：「迷即累劫，悟即須臾。」又云：「龍女須臾頓發菩提心，便成正覺。」是謂頓覺。直修大乘爲頓覺；由小乘、二乘，以至大乘爲漸修。《燈錄》神會大師示衆云：「其漸也，歷僧祇劫，猶處輪迴；其頓也，屈伸臂頃，便登妙覺。」

如來禪。

如來禪是證道後見佛性，祖師禪是從世尊拈花，以至祖師喝棒痛罵、揚眉瞬目、舉首低頭接引後人。如來禪與祖師禪別有一公案可以證明：香嚴和尚證道後，說一偈呈潙山曰：「一擊忘所知，更不假修持。動容揚古路，不墮悄然機。處處無蹤迹，聲色外威儀。諸方達道者，咸言上上機。」潙山聞得，謂仰山曰：「此子徹也。」後仰山勘過，更令說偈，偈曰：「去年貧，未是貧；今年貧，始是貧。去年貧，猶有卓錐之地；今年貧，錐也無。」仰山曰：「如來禪許師弟會，祖師禪未夢見在。」師復有頌曰：「我有一機，瞬目視伊，若人不會，別喚沙彌。」仰乃報潙山曰：「且喜閑師弟會祖師禪也。」故知如來禪是體，祖師禪是用，無祖師禪就不能接引衆生。

《歷代法寶記．無相傳》云：「東京荷澤寺神會和尚，每月作壇場，爲人說法，破清淨禪，立如來禪。」《荷澤語錄》：「以其無所得，即如來禪。維摩詰言：『如自觀身實相，觀佛亦然。我觀如來，前際不來，後際不去，今則不住，以無住故，即如來禪。』」

六度萬行體中圓。

六度者：一、自性一法不立，謂之布施波羅蜜。二、本源自性清淨，是金剛光明寶戒，是一切佛本源，是持戒波羅蜜。三、無生法忍，是忍辱波羅蜜。四、五蘊皆是佛性，是精進波羅蜜。五、自性不動搖，是禪定波羅蜜。六、自性如杲日當空，是般若波羅蜜。由六度而生萬行，起心動念、人生、山河大地、宇宙萬物，就佛性本體上看，皆是圓滿佛性。

〈顯宗記〉：「六度自茲圓滿，道品於是無虧，是知我法體空，有無雙泯。」

夢裏明明有六趣。

從前認五蘊見聞覺知爲主人翁，故生生死死於六道之中。《圓覺經》云：「生死涅槃，猶如昨夢。」

〈大乘讚〉：「夢時夢中造作，覺時覺境都無。飜思覺時與夢，顛倒二見不殊。」

覺後空空無大千。

見性之後，佛性爲主人翁，生死六趣皆如洪爐上點雪，宇宙世界皆歸佛性本體。

《圓覺經》云：「此無明者，非實有體，如夢中人，夢時非無，及至於醒，了無所得。」

無罪福。

三祖僧璨大師，初禮二祖慧可大師，請曰：「弟子身纏風恙，請和尚懺罪。」可曰：「將罪來，與汝懺。」璨良久云：「覓罪不可得。」可曰：「我與汝懺罪竟。」又梁武帝問初祖達摩大師曰：「朕即位已來，造寺寫經度僧，不可勝紀，有何功德？」祖曰：「並無功德。」帝曰：「何以無功德？」祖曰：「此但人天小果，有漏之因，如影隨形，雖有非實。」帝曰：「如何是真功德？」祖曰：「淨智妙圓，體自空寂，如是功德，不以世求。」《維摩詰經》云：「其有施者，無大福，無小福，不爲益，不爲損，是爲正入佛道，不依聲聞。」

無損益。

自性之中，無所謂罪，無所謂福，亦無所謂損益善惡。佛性乃絕對者，而罪福損益乃是相對者，絕對中不能有相對，故無罪福損益。故經云：「深達罪福相，徧照於十方。」

《維摩詰經》云：「法離好醜，法無增損。」

寂滅性中莫問覓。

見性之後，身心世界皆是法身淨土，罪福損益無從問覓。佛言：「生滅滅已，寂滅爲樂。」寂滅即佛性本體是也。

比來塵鏡未曾磨。

生死流轉與佛性了不相干，譬如塵之於鏡了不相干，塵磨而鏡明，但鏡性本明，非因塵而有損益也。

今日分明須剖析。

今日方知罪福損益與佛性了不相干，五蘊生死如眼翳空花，本無體性，證實性之後皆歸銷滅。

誰無念。

諸佛及衆生皆有思想，皆有六根，能見佛性，則念曰無念。〈顯宗記〉云：「無念念者，即念真如。」

誰無生。

六根思想如波瀾起伏，不可停留，見佛性者，生即無生。〈顯宗記〉云：「無生生者，即生實相。」

若實無生無不生。

祇要能將無始無明打破，證無生法忍，親見佛性，洞徹本地風光，則念念雖存，皆是佛性，皆是無生。故知明心見性，不斷六根，不斷一念，從前念念皆是生死，現在念念皆是佛性。

喚取機關木人問。

倘將六根一念斷盡，無知無覺，則如同機關木人一樣，如何學佛？如何修行耶？誌公〈大乘讚〉云：「斂容入定坐禪，攝境安心覺觀。機關木人修道，何時得達彼岸？」

求佛施功早晚成。

木人學佛，豈有成功之日乎？小乘斷六根、二乘斷一念，皆是木人修行，難成佛道也。

放四大。

四大者，地、水、火、風假合之身。見性之後，此身不爲罣礙，不爲拘束，放曠自在。

莫把捉。

無生死可了，無佛可成，無衆生可度，一切圓滿自在，毋庸把捉也。

寂滅性中隨飲啄。

〈顯宗記〉云：「行住坐臥，心不動搖，一切時中，獲無所得。」證悟之後，一切皆在佛性定光之中，隨緣飲啄，任運度日，如船子和尚撐船過活、疎山和尚賣布過活，或講經說法接引後人，語默動靜、喝棒痛罵，無往而非定，如寒潭秋月、夜半鐘聲。

諸行無常一切空。

諸行無常者，言宇宙萬物、山河大地皆是佛性；「空」者非無，乃一切皆佛性之謂也。

即是如來大圓覺。

「圓」者，徧滿虛空，充塞宇宙，圓裏三世，圓而不漏。大覺本不迷，故曰「圓覺」。《圓覺經》云：「以大圓覺，爲我伽藍。」

決定說。

修行人打破無始無明，見本來面目，經明眼善知識印證即可決定，與三世諸佛一鼻孔出氣。

表真僧。

既經印證，決定即是第一義諦僧，以大乘法度衆生。《維摩詰經》云：「以大乘教，成菩薩僧。」

有人不肯任情徵。

小乘二乘之人，用腦筋思量測度如來境界無有是處，而自以爲是，對於明心見性之行爲，妄加批評任情指摘。

直截根源佛所印。

無明囫的打破，當下見性，則爲諸佛所印可，與一切如來無二無別。〈顯宗記〉云：「內傳心印，印契本心。」

《燈錄》神會大師示衆曰：「夫學道者，須達自源。」

摘葉尋枝我不能。

小乘二乘之法如摘葉尋枝，非徹底直截根源之法也，故爲大乘者所不取。

摩尼珠。

梵語「摩尼」，華言「如意」。昔世尊示隨色摩尼珠，問五方天王：「此珠作何色？」時五方天王互說異色。世尊藏珠復擡手曰：「此珠作何色？」天王曰：「佛手中無珠，何處有色？」世尊曰：「汝何迷倒之甚！吾將世珠示之，便强說有青黃赤白色；吾將真珠示之，便總不知。」誌公〈十四科頌〉云：「衆生與佛無殊，大智不異於愚。何須向外求寶，身田自有明珠。」

人不識。

小乘二乘之人認四相爲佛性，不達如來真實境界，如五方天王之辨世珠而不識真珠，如是等輩如來可爲憐愍。

如來藏裏親收得。

如來藏者，即妙明真心，萬德圓滿，不假外求，自性摩尼，於此收得。

六般神用空不空。

誌公云：「智者造作皆空，聲聞觸途成滯。大士肉眼圓通，二乘天眼有翳。」六般神用者，即眼、耳、鼻、舌、身、意六根是也。要見自性真珠，須利用六根之作用，一旦見性之後，則起念滅念、空與不空，無不變爲佛性矣。空是體，不空是用，空不空等是體用不二。福州長慶禪師云：「汝諸人各自有無價大寶，從眼門放光。」

一顆圓光色非色。

自性心珠內外光明圓滿，證見真心之後，一切色與非色，皆是真心中物、皆是佛性，即山河大地、五蘊六根，皆變爲佛性矣。

荷澤云：「是心起故即色，色不可得故即空，法性妙有故即色，色妙無故即空。經云：『色不異空，空不異色。』其義如是。」

淨五眼。

《維摩詰經》云：「度五道，淨五眼，得五力，立五根。」

五眼者：一、天眼，持戒清淨。二、肉眼，能分別小乘。三、法眼，能分別二乘。四、慧眼，能分別大乘。五、佛眼，能分別最上乘。見性之後，則五眼清淨，無往而非佛性。荷澤〈顯宗記〉云：「菩提無得，淨五眼而了三身；般若無知，運六通而弘四智。」如是六門，晝夜放光，亦名「放光三昧」。豈不見誌公和尚云：「境上施爲渾大有。」

得五力。

五力者：一、信力，信自性是佛。二、精進力，一法不離。三、念力，自性念念是佛。四、定力，自性之體。五、慧力，自性之用。五眼既淨，則是此五力。

唯證乃知難可測。

六祖曰：「諸三乘人，不能測佛智者，患在度量也。饒伊盡思共推，轉加懸遠。」故知如來境界，惟證與證乃能知之，難以思量測度。如兩同鄉人異地相逢，談故鄉風光土語，津津有味如甜如蜜，旁人聽之如聾如啞，不知何謂。《維摩詰經》云：「且止！阿難，其有智者，不應限度諸菩薩也。一切海淵尚可測量，菩薩禪定、智慧、總持、辯才，一切功德，不可量也。」

鏡裏看形見不難。

明心見性人，心如明鏡，胡來胡現，漢來漢現，信手拈來，隨拈一法皆是佛性。

水中捉月爭拈得。

小乘二乘人，以思量揣測佛性，有如水中捉月，任他費盡力量，亦難捉得。

常獨行，常獨步。

明心見性人，知見行履與佛無二無別，門庭高峻，非小乘二乘所能測度。古人所謂「深深海底行，高高山頂立」，故曰：「念念釋迦出世，步步達摩下生。」

達者同遊涅槃路。

昔萬回公與慧忠國師，猖狂握手言論，旁侍傾耳都不體會。又古人云：「老僧與他從上諸聖把手共行，不為分外。」故達道之人，遊戲如來寂滅海中，非常流所能窺測也。

調古神清風自高。

龍山禪師詩云：「三間茅屋從來住，一道神光萬境閑。莫把是非來辨我，浮生穿鑿不相關。」又曰：「一池荷葉衣無數，滿地松花食有餘。剛被世人知住處，又移茅屋入深居。」

又大林禪師詩云：「摧殘枯木倚寒林，幾度逢春不變心。樵客遇之猶不顧，郢人那得苦追尋。」

又鍾山僧遠，鑾駕臨門，坐牀不迎；廬山慧遠，天子三詔，不出廬山。

貌顇骨剛人不顧。

求道之人不惜身命，二祖慧可積雪沒腰，利刃斷臂；六祖惠能半夜腰石負舂，皆貌領（音卒）骨剛，非常人可及，故能丕振宗風，爲人天師表。昔曾瞻佛祖道影，皆調古神清，骨剛貌領，氣韻超然，令人肅然起敬，慕道之心油然而生，高山仰止，曷云能已。

窮釋子。

出家人稱釋，自晉慧遠法師始。晉以前，出家人多襲師姓，慧遠以爲出家人皆釋家弟子，應從釋姓。

《維摩詰經》云：「如世尊釋迦牟尼佛，隱其無量自在之力，乃以貧所樂法，度脫衆生。」什曰：「晦迹潛明，自同貧乞；自同貧乞，則與相接；接則爲鄰，故爲貧乏所信樂也。」

口稱貧。

出家人，自稱貧道、貧僧。

實是身貧道不貧。

《維摩詰經》云：「出家人法喜以爲妻，悲慈心爲女，善心誠實男，畢竟空寂舍……總持之園苑，無漏法林樹……大乘以爲車，調御以一心，遊於八正路……深心爲花鬘，富有七財寶。」又：「天女謂維摩丈室，有四大藏，衆寶積滿，周窮濟乏，求得無盡。」此所謂身貧道不貧也。

〈顯宗記〉云：「功成十力，富有七珍，入不二門，獲一乘理。」

貧則身常披褸褐。

釋迦佛現八十年老比丘相，身披蔽垢之衣。契嵩禪師與月禪師書曰：「數年來欲製紙被一黼以禦苦寒，今幸已成之。」

道則心藏無價珍。

四祖道信云：「夫百千法門，同歸方寸；河沙妙德，總在心源；一切戒門、定門、慧門、神通變化，悉自具足，不離汝心；一切煩惱業障，本來空寂；一切因果，皆如夢幻；無三界可出，無菩提可求；人與非人，性相平等；大道虛曠，絕思絕慮。如是之法，汝今已得，更無闕少，與佛何殊？更無別法。汝但任心自在，莫作觀行，亦莫澄心，莫起貪瞋，莫懷愁慮，蕩蕩無礙，任意縱橫，不作諸善，不作諸惡，行住坐臥，觸目遇緣，總是佛之妙用，快樂無憂，故名爲佛。」

又大珠慧海禪師參馬祖，祖曰：「來此擬求何事？」曰：「來求佛法。」曰：「自家寶藏不顧，拋家散走作甚麼？我這裏一物也無，求甚麼佛法？」師遂禮拜，問曰：「阿那箇是慧海寶藏？」祖曰：「即今問我者，是汝寶藏，一切具足，更無欠少，使用自在，何假外求？」師於言下識自本心，不由知覺。福川長慶云：「汝諸人各自有無價大寶，從六門晝夜放光。」

無價珍。

馬祖云：「識取自心，本來是佛，不屬漸次，不假修持，體自如如，萬德圓滿。」

〈顯宗記〉云：「功成十力，富有七珍。」

用無盡。

自家寶藏，一切具足，使用無盡。

《維摩詰經》云：「示入貧窮，而有寶手，功德無盡。」

利物應機終不悋。

見性之後，隨拈一法皆是佛法，利物應機妙用無窮，接引衆生無吝無惜，故謂之無盡寶藏。

《維摩詰經》云：「求法不懈，說法無悋。」

三身四智體中圓。

自性本體之中，三身四智本來具足。三身者，自性是法身，見聞覺知是報身，眼、耳、鼻、舌、身、意是應身；四智者，見聞覺知是大圓鏡智，一念無明是平等性智，意根是妙觀察智，眼、耳、鼻、舌、身是成所作智。見性後，三身皆是佛性，謂之「一體三身」，八識變爲四智。三身具，則四智同時皆具。六祖答智通曰：「三身者，清淨法身，汝之性也；圓滿報身，汝之智也；千百億化身，汝之行也。若離本性，別說三身，即名有身無智；若悟三身，無有自性，即名四智菩提。聽吾偈曰：『自性具三身，發明成四智。不離見聞緣，超然登佛地，吾今爲汝說，諦信永無迷。莫學馳求者，終日説菩提。』」通再啓曰：「四智之義，可得聞乎？」師曰：「既會三身，便明四智，何更問耶？若離三身，別談四智，此名有智無身，即此有智，還成無智。」復説偈曰：「大圓鏡智性清淨，平等性智心無病，妙觀察智見非功，成所作智同圓鏡。」

〈顯宗記〉云：「菩提無得，淨五眼而了三身；般若無知，運六通而弘四智。」

《壇經》：「汝等聽説，今汝等於自身中，見自性有三身佛，此三身佛，從自性生，不從外得。」

八解六通心地印。

自性心地中，六通具足，八識得八解脫。

八解者，八識轉爲四智之後，八識皆解脫，故曰「八解」。八識者，眼、耳、鼻、舌、身爲前五識，意根爲六識，一念無明爲末那識，見聞覺知爲阿賴耶識。

六通者，一、天眼通，見佛性，洞徹本地風光。二、天耳通，能懂最上乘法，證與證者，言語互相瞭解，旁人不知。三、他心通，悟與悟者，心得相同。四、宿命通，無量劫生死種子，和盤托出。五、神足通，佛性徧滿虛空，無所不在，如旭日當空。六、漏盡通，證無餘涅槃，不受後有。

〈顯宗記〉云：「體悟三明，心通八解，功成十力，富有七珍，入不二門，獲一乘理。」

《維摩詰經》云：「不捨八邪，入八解脫。」

上士一決一切了。

修大乘人明心見性之後，經明眼善知識印可，決定不疑，生死涅槃如同幻夢空花，所謂大事已了。荷澤云：「一念相應，便成正覺。」「一念相應，頓超凡聖。」

《荷澤語錄》「中天竺國梵僧伽羅密多三藏弟子康智圓問曰：『和尚！多劫有緣，生死事大，念念無常，懷疑日深，不敢諮問，唯願慈悲，許申心地。』和尚答：『汝若有疑，恣意當問。』智圓問：『一切衆生皆云修道，未審修道者，一生得成道不?』和尚答言：『可得。』又問：『云何可得?』答：『如摩訶衍宗，恒沙業障，一念消除，性體無生，剎那成道，何況一生而不得耶!』」

中下多聞多不信。

小乘二乘人，不能擔荷如來大法，心多疑悶，未能入信。《維摩詰經》云：「譬如有人，於盲者前，現衆色像，非彼所見；一切聲聞，聞是不可思議解脫法門，不能解了，爲若此也。」

但自懷中解垢衣。

《維摩詰經》云：「心垢故衆生垢，心淨故衆生淨。」明心見性要向自心求，不從外覓，一旦無明窠臼打破，洞徹本來面目，則垢衣解去，清淨圓滿矣。

誰能向外誇精進。

《法句經》云：「若起精進心，是妄非精進。若能心不妄，精進無有涯。」小乘二乘人向外求佛，譬如騎驢覓驢，煮沙爲飯，終無成就。故慧思禪師示衆曰：「道源不遠，性海非遙，但向己求，莫從他覓，覓即不得，得亦不真。」誌公〈十二時頌〉云：「人定亥：勇猛精進成懈怠，不起纖毫修學心，無相光中常自在。」《燈錄》神會大師示衆云：「告諸學衆，無外馳求，若最上乘，應當無作。」

從他謗，任他非。

自性不受薰染，諸佛衆生皆是假名，誹謗是非了不可得，盛、衰、毀、譽、稱、譏、苦、樂所不能動搖，謂之「八風不動」。《報恩經》云：「以栴檀汁塗佛，佛亦不喜；以糞汁塗佛，佛亦不瞋。」

把火燒天徒自疲。

《圓覺經》云：「以有思惟心，測度如來圓覺境界，如取螢火燒須彌山，終不能著；以輪迴心生輪迴見，入於如來大寂滅海，終不能至。」

我聞恰似飲甘露。

明心見性之後，山河宇宙、音聲語言，皆是佛性，故誹謗之語，聽來盡是佛性，甘露譬喻佛性。《維摩詰經》云：「如來甘露味飯，大悲所薰，無以限意食之，使不消也。」

銷融頓入不思議。

佛性本體譬若洪爐，萬物音聲語言譬若雪花，雪花入洪爐剎那銷鎔，所謂「洪爐點雪」也。不思議者，即佛性境界，不可以思量測度。

《維摩詰經》云：「菩薩有解脫，名不可思議。」

觀惡言，是功德。

覿面相呈，直指人心，見性成佛。六祖云：「見性是功，平等是德。」故見性之人，一切法平等，惡言與功德何異？

此則成吾善知識。

石霜禪師參汾陽昭禪師，經二年，每見昭必詬罵，及有所訓，皆流鄙俗事。一夕訴曰：「自至法席已再夏，不蒙指示，但增世俗塵勞念，歲月飄忽，己事不明，失出家之利。」語未卒，昭公熟視罵曰：「是惡知識，敢裨販我！」怒舉杖逐之，霜擬伸救，昭公掩其口，霜遂大悟。

又黃龍禪師參石霜，霜詬罵不已，龍曰：「罵豈慈悲法施耶？」霜曰：「你作罵會哪？」師於言下大悟。

不因訕謗起冤親。

佛家究竟冤親平等。

何表無生慈忍力。

無生者，本體不動；忍者，萬德圓滿。

《維摩詰經》云：「行寂滅慈，無所生故……行忍辱慈，護彼我故。」

宗亦通。

宗者，指最上乘法。自佛拈花示衆，以至祖師喝棒痛罵、豎拂拈槌，皆宗門單傳直指之道，全從自性流出。巖頭禪師告雪峯禪師曰：「他後若欲播揚大教，一一從自己胸襟流出，將來與我蓋天蓋地去。」

《荷澤語錄》：「南陽太守王弼問：『禪師！爲是說通，爲是宗通？』答：『今所說者，說亦通，宗亦通。』又問：『若爲是說通？若爲是宗通？』答：『口說菩提，心無住處；口說涅槃，心有生滅；口說解脫，心有繫縛，即是說通宗不通。』又問：『若爲是宗通？』答：『但了本自性空寂，更不復起觀，即是宗通。』」

說亦通。

宗者，佛之心得離於言詮也；說者，三藏十二部經典所說法，用文字方便表現佛性妙理也。不明佛之心得而說佛法，必陷於錯誤，故必宗說俱通方爲達了。

定慧圓明不滯空。

定是體，慧是用。以太陽爲喻，定是太陽本體，慧是太陽光明，太陽光明一照，昏闇皆消，一切皆在光明中、皆是佛性。空者，譬如佛性。

《壇經》云：「定慧一體不是二，定是慧體，慧是定用，即慧之時定在慧，即定之時慧在定。」

荷澤云：「即定之時是慧體，即慧之時是定用；即定之時不異慧，即慧之時不異定；即定之時即是慧，即慧之時即是定。何以故？性自如故，即是定慧等學。」

非但我今獨達了。

明心見性不但我箇人做得到，一切衆生皆有分。

《梵網經》云：「一切衆生皆有佛性，我是已成之佛，汝等是未成之佛。」

河沙諸佛體皆同。

經云：「心、佛及衆生，是三無差別。」昔南嶽懷讓禪師參六祖，祖問：「甚麼處來？」曰：「嵩山來。」祖曰：「甚麼物，恁麼來？」曰：「說似一物即不中。」祖曰：「還可修證否？」曰：「修證即不無，污染即不得。」祖曰：「祇此不污染，諸佛之所護念，汝既如是，吾亦如是。」

《華嚴經》云：「十方三世佛，同共一法身。」

僧問荷澤曰：「十方諸如來，共同一法身，未審同異？」答：「亦同亦異。」問：「若爲同異？」答：「闇室中著十盞燈，燈光同一，即是同義；言別義者，爲盞盞各別，是別義。諸佛法身，元來不別，智受用各別，即是亦同亦異。」

〈顯宗記〉：「涅槃般若，名異體同，隨義立名，故云法無定相。涅槃能生般若，即名真佛法身；般若能建涅槃，故號如來知見。」

師子吼。

師子乃獸中之王，百獸聞吼聲悉皆懾伏，故以譬喻佛說最上乘法。最上乘法乃就絕對佛性發揮，一切相對道理皆歸消隕，故謂之師子吼。

無畏說。

將本來面目和盤托出，直指人心見性成佛，乃最上乘法。修最上乘法人，須本大無畏精神，不生恐怖疑惑，方能成就。

百獸聞之皆腦裂。

最上乘法，小乘二乘及未入地菩薩，初聞時皆生震怖，以前所學皆無用處。故《圓覺經》云：「聞是法門，信解受持，不生驚畏，是則名爲隨順覺性。善男子！汝等當知，如是衆生已曾供養百千萬億恒河沙諸佛及大菩薩，植種德本，佛説是人名爲成就一切種智。」

香象奔波失卻威。

二乘及未入地菩薩，聞此最上法門未能承當，如聾如啞，譬若香象在於水中，失其威力。

天龍寂聽生欣悅。

明心見性已入地菩薩，聞此最上法門，如家人談家事，洞徹無遺，故生欣悅。

遊江海，涉山川。

學佛人本分大事在明心見性，除此之外皆是分外之事。《法華經》云：「惟此一事實，餘二則非真。」大乘佛法乃知難行易，故須得明眼善知識指點，方不走錯路徑。如釋迦佛未悟道時，遊歷五年，參訪道流；又如趙州八十行腳、雪峯三登投子，九到洞山、疎山一句隨他語千山走。衲僧爲本分大事，不辭跋涉辛苦；今人足不出戶，便高談佛祖，目空諸方，豈不可憐可笑！

《宋高僧傳．神會傳》：「聞嶺表曹侯溪惠能禪師，盛揚法道，學者駿奔，及效善財南方參問，裂裳裹足，以千里爲跬步之間耳……居曹溪數載，後徧尋名迹。」

尋師訪道為參禪。

《主傳》說：「神會初荊南，事神秀大師，三年後神秀被召入京，會遂來曹溪依六祖。」

古人云：「修行若遇真師友，敢保功夫一世休。」德山鑑禪師曰：「比丘行腳，當具正眼。誦經禮拜，乃是魔民；營造殿宇，又造魔業。」故古人云：「離寺十里，先問家風。」須確知爲明眼善知識方可親近，既決定可親近，則不可退悔。南嶽懷讓禪師親近六祖，隨侍十五年；百丈終身親近馬祖，馬祖圓寂後守塔三年，一日不作一日不食；石霜親近汾陽昭、黃龍親近石霜，屢受打罵皆不退悔，故終成大器。每見今之出家人，己事未明，不求參訪，而徒以募化功德、營造殿宇爲事，歲月飄忽，臘月三十日到來，毫無用處，豈非大錯！營造殿宇乃明心見性後之事，參禪是求明心見性，並非厭喧求靜、捨垢取淨，有心求道，皆是造作。

昔有僧問峻極禪師：「如何是作惡行人？」師曰：「修禪入定。」

自從認得曹溪路。

曹溪在廣東韶州，爲六祖弘法之地。昔梁朝有印度智藥法師來中土，行經其地，飲溪水曰：「此水味似天竺曹溪。」因記曰：「後五百年，有肉身菩薩，在此弘最上乘法。」後六祖大揚宗風，故今之禪宗皆宗曹溪。參禪之人，功夫純熟因緣時至，無始無明囫的打破，頓見本來面目，便是到家便是認得曹溪路。

了知生死不相干。

明心見性之後，生死涅槃猶如昨夢，與自性了不相干。

行亦禪，坐亦禪。

證悟之後，行、住、坐、臥皆在定中，謂之大定。

龍潭參天皇居，既久，啓曰：「某自到來，不蒙指示心要。」皇曰：「自汝到來，吾未嘗不指示汝心要。」師曰：「何處指示？」皇曰：「汝擎茶來，吾爲汝接；汝行食來，吾爲汝受；汝和南時，吾便低首。何處不指示心要？」師低頭良久，皇曰：「見則直下便見，擬思即差。」師當下開解。又僧問慧忠國師：「坐禪看靜，此後若爲？」師曰：「不垢不淨，寧用起心而看靜相？」

語默動靜體安然。

證悟本來面目之後，一切日常生活，語默動靜皆無妨礙。古祖師饑食睏眠、喝棒痛罵，而自性如如不動，安然無累，當體即是佛性。故寶誌禪師曰：「大道常在目前，雖在目前難睹。若欲悟道真體，莫除聲色言語。言語即是大道，不假斷除煩惱。煩惱本來空寂，妄情遞相纏繞。一切如影如響，不知何惡何好？有心取相爲實，定知見性不了。若欲作業求佛，佛是生死大兆。生死業常隨身，黑闇獄中未曉。悟理本來無異，覺後誰晚誰早？法界量同太虛，衆生智心自小。但能不起吾我，涅槃法食常飽。」「衆生不解修道，便欲斷除煩惱。煩惱本來空寂，將道更欲覓道。一念之心即是，何須別處尋討？大道祇在目前，愚倒迷人不了。佛性天真自然，亦無因緣修造。不識三毒虛假，妄執浮沈生老。昔時迷日爲晚，今日始覺非早。」

縱遇鋒刀常坦坦。

佛性中無生死，縱遇鋒刀，坦然無恐。如二十四祖師子吼尊者，因讒受刑，臨難坦然；又如僧肇大師，將頭臨白刃，猶如斬春風。

志徹禪師未出家時，受北宗門人之囑，懷刃入六祖室，將欲加害，祖舒頸而就，志徹揮刃者三都無所損，後投祖出家。《五燈會元・四祖傳》：「唐太宗聞師道味，欲瞻丰采，詔赴京，祖上表遜謝，前後三返，竟以疾辭。第四度命使曰：『如果不起，即取首來。』使至山諭旨，祖乃引頸就刃，神色儼然。使異之，回以狀聞，帝彌加欽慕。」

《荷澤語錄》：「決心證者，臨三軍際，白刃相向，風刀解身，心見無念，堅如金剛，毫微不動。」

假饒毒藥也閑閑。

達摩大師數被毒藥，至六度，以緣化已畢，傳法得人，遂不復救之，端居而逝，蓋已得無生法忍，視毒藥如閑事也。

我師得見然燈佛。

釋迦佛以五優波羅華，供養然（燃）燈佛，路上見然燈佛前來，釋迦即布髮掩泥，然燈佛走過，撫釋迦頂授記曰：「善男子！汝於來世，當得作佛，號釋迦牟尼。」

多劫曾為忍辱仙。

釋迦佛於山中修道，自號「忍辱仙人」。值歌利王與諸宮人入山遊獵，晝寢時，諸宮人遊山，見一人儼然獨坐，是諸宮人俱來瞻仰，王起問諸近臣：「宮人何在？」左右奏曰：「往彼仙人菴所也。」王怒，躬自仗劍，問云：「汝是何人？」對云：「忍辱仙人。」王遂劍斷其手足，節節支解，不生瞋恨。《金剛經》云：「念過去於五百世作忍辱仙人，於爾所世，無我相、無人相、無衆生相、無壽者相，是故須菩提，菩薩應離一切相，發阿耨多羅三藐三菩提心，不應住色生心，不應住聲香味觸法生心，應生無所住心。」此蓋譬喻修忍辱波羅蜜之境界也。

幾迴生，幾迴死。

自性中本無生死，衆生錯認無明爲本性，故有生死輪轉。

《圓覺經》云：「云何無明？善男子！一切衆生從無始來，種種顛倒，猶如迷人，四方易處，妄認四大爲自身相，六塵緣影爲自心相，譬彼病目，見空中華（花）及第二月。善男子！空實無華，病者妄執，由妄執故，非唯惑此虛空自性，亦復迷彼實華生處，由此妄有輪轉生死。」

生死悠悠無定止。

倘今生不能證悟，仍處生死輪轉，如失舵扁舟，在驚濤駭浪之中，悠悠無有定止。

自從頓悟了無生。

自從無始無明囫的打破之後，無量劫生死種子和盤托出，方知自性本來無生無死。

六祖〈無相頌〉云：「此頌是頓教，亦名大法船。迷聞經累劫，悟則剎那間。」

於諸榮辱何憂喜。

既悟自性無生，則榮辱憂喜皆不相干。荷澤曰：「縱見恒沙佛來，亦無一念喜心；縱見恒沙衆生一時俱滅，亦不起一念悲心。此是大丈夫，得空心平等。」《維摩詰經》云：「故入生死而無所畏，於諸榮辱心無憂喜。」

入深山，住蘭若。

梵名「蘭若」，此云「清淨處」，釋子所居也。明心見性之後，弘揚佛法，普度衆生，或逍遙放曠，深山窮谷、水邊林下，隨緣度日，皆無不可。懶殘歌曰：「世事悠悠，不如山丘。青松蔽日，碧澗長流。山雲當幕，夜月爲鈎。臥藤蘿下，塊石枕頭。不朝天子，豈羨王侯。生死無慮，更復何憂。」又八指頭陀詩：「我與青山有宿緣，住山不要買山錢。山中歲月如流水，纔看梅花又一年。」

岑崟幽邃長松下。

古德詩云：「二十年住子湖，二時齋粥氣力麤。無事時來行一轉，問他世人識也無？」又詩云：「萬松嶺上一間屋，老僧半間雲半間。雲自三更去行雨，歸來方羨老僧閑。」

優遊靜坐野僧家。

古人云：「白雲深處老僧多。」又古德詩云：「萬機休罷付癡憨，蹤跡時容野鹿參。不脫麻衣拳作枕，幾生夢在綠蘿菴。」雪嶠詩云：「春風捲簾入窗紗，物外悠然度歲華。青山箇箇伸頭看，看我菴中煮苦茶。」

閒寂安居實蕭灑。

喬覺禪師詩云：「攜笻小步踏蒼苔，遙指青山雲正開。澗水松風聽不絕，又教童子抱琴來。」古庭禪師詩云：「構屋山居物外禪，繞窗白石與清泉。自從識破安心法，衲被蒙頭自在眠。」

覺即了。

已到家。

〈顯宗記〉：「了法身而真解脫。」

不施功。

不用再修。

荷澤云：「修習即是有爲法，夫所言修習，不離於智覺，既有智覺，即有照用，如是因果宛然。生滅本無，何假修習？」

一切有為法不同。

最上乘大乘是無爲法，二乘小乘是有爲法，差之毫釐失之千里。

《維摩詰經》云：「法名無爲，若行有爲，是求有爲，非求法也。」

荷澤曰：「諸學道者，心無青黃赤白，亦無出入去來及遠近前後，亦無作意，亦無不作意，如是者，謂之相應也。若有出定入定及一切境界，非論善惡，皆不離妄心，有所得並是有爲，全不相應。」

住相布施生天福。

《華嚴經》云：「亡失菩提心，修諸善法，是爲魔業。」

猶如仰箭射虛空。

如人唾天，自污其面。

勢力盡，箭還墜。

龐居士云：「但願空諸所有，愼勿實諸所無。」

招得來生不如意。

福報多者，有財有勢，容易造業，故來生更不如意。

爭似無為實相門。

實相門者，般若波羅蜜多法門也。修般若法者，證實相之後，入於無餘涅槃，不受後有，與佛無二無別。《荷澤語錄》：「修行般若波羅蜜者，能攝一切法，行般若波羅蜜行，即是一切行之根本。是故金剛般若波羅蜜，最尊最勝最第一，無生無滅無去來，一切諸佛從中生。」

《維摩詰經》云：「法名無爲，若行有爲，是求有爲，非求法也。」

一超直入如來地。

不修小乘二乘，直修大乘最上乘，當下見性成佛，與他從上諸聖把臂共行。

但得本。

自古諸佛及祖師，皆先證悟本體，然後能敷揚妙理。釋迦佛依一實相，流出十二部經典，說四乘法門；歷代祖師，亦皆見性之後，方能接引後人。故得其體，則得其用。

莫愁末。

證悟本體之後，隨手拈來，隨拈一法皆是佛法，如釋迦佛拈花示衆、趙州禪師拈一根草作丈六金身，無往而非佛性，左右逢源，妙用無窮，皆是自性本體流出。

如淨琉璃含寶月。

身心宇宙萬物皆是佛性，內外瑩徹。寶月，喻妙明真心也。

既能解此如意珠。

自性流露，妙用無窮。

自利利他終不竭。

佛性妙用譬若無盡寶藏，利己利他無有匱竭。菩薩以菩提心爲體而自度，以大悲心爲用而度他。

《維摩詰經》云：「何謂不盡有爲？謂不離大慈，不捨大悲，深發一切智心而不忽忘，教化衆生，終不厭倦……不著己樂，慶於彼樂。」

江月照，松風吹。

寒山大士偈曰：「吾心似秋月，碧潭清皎潔。無物堪比倫，教我如何說？」

蒼雪法師詩云：「手攜三尺杖，隨步入深松。水落澗邊澗，雲含峯外峯。臨橋將見月，近寺忽聞鐘。坐到清涼處，蒼烟起萬重。」

永夜清宵何所為。

晝夜二十四小時，頭頭皆是三昧、皆在定中。

佛性戒珠心地印。

自性是金剛光明寶戒，諸佛本源，心心相印，佛佛授手，祖祖相傳。

霧露雲霞體上衣。

法身徧滿虛空，霧露雲霞皆是法身之衣。趙州從諗禪師曰：「菩提涅槃、真如佛性，盡是貼體衣服。」

降龍鉢。

世尊入慈心三昧，降火龍於鉢中。

解虎錫。

昔有高僧，以錫解二虎之鬥。

兩鈷金環鳴歷歷。

錫杖上有兩鈷金環，表真俗二諦；每股有三環，共六環，表六度。鳴歷歷者，正法宣揚，邪法擘易也。

不是標形虛事持。

錫杖所以表示正法，非徒具儀式而已。

如來寶杖親蹤跡。

《錫杖經》云：「世尊告諸比丘：『汝等皆應受持錫杖。所以者何?過去諸佛執持錫杖，未來諸佛執持錫杖，現在諸佛亦執是杖。』」

不求真，不斷妄。

求真斷妄乃二乘境界，佛性本來具足，非求而有，非斷而得。故小乘斷六根、二乘斷一念無明，皆非究竟法門；惟大乘破無始無明，見本來面目，方是究竟之法。

了知二法空無相。

就自性相看，真妄二法皆非實相。

誌公〈大乘讚〉：「有心取相爲實，定知見性不了。」又云：「妄身臨鏡照影，影與妄身不殊。但欲去影留身，不知身本同虛。身本與影不異，不得一有一無。若欲存一捨一，永與真理相疏。更若愛聖憎凡，生死海裏沈浮。煩惱因心有故，無心煩惱何居？不勞分別取相，自然得道須臾。」

無相無空無不空。

見性之後，真的、妄的、虛的、實的，無非佛性，故無所謂有相無相，亦無所謂空與不空，皆是佛性。《燈錄》神會大師示衆生云：「自性如空，本來無相。」

即是如來真實相。

證實相之後，當體即是如來佛性。古德云：「轉山河歸自己。」《楞嚴經》云：「山河大地、森羅萬象，皆是如來常住微妙真心。」又云：「五陰、六入、十二處、十八界，皆是如來藏妙真如性。」

《維摩詰經》云：「云何平等？謂我等涅槃等。所以者何？我及涅槃，此二皆空。以何爲空？但以名字故空。如此二法，無決定性，得是平等，無有餘病，唯有空病，空病亦空。」

心鏡明。

馬祖云：「悟自本性，一悟永悟，不復更迷。如日出時，不合於闇，智慧日出，不與煩惱闇俱。了心境界，妄想即除，妄想既除，即是無生。法性本有，有不假修，禪不屬坐，坐即有著。若見此理，真正合道。隨緣度日，坐起相隨，戒行增薰，積於淨業，但能如是，何慮不通。」

鑑無礙。

生來死去、喜怒哀樂，如空中片雲、海中一漚，毫無妨礙。

〈顯宗記〉：「真如性淨，慧鑑無窮。」

《神會語錄》：「明鏡高臺，能照萬像，悉現其中，古德相傳，共稱爲妙。今此門中，未許此爲妙。何以故？明鏡能照萬像，萬像不見其中，此將爲妙。何以故？如來以無分別智，能分別一切，豈將有分別心而分別一切？」

廓然瑩徹周沙界。

如赫日當空，羣昏照破，廓然瑩徹，周徧大千。

萬象森羅影現中。

森羅萬象皆是如來常住微妙真心。

一顆圓光非內外。

大千境界在一微塵內，宇宙山河納一芥子中，妙明真心，圓裹三世，內外一如。誌公〈十二時頌〉：「雞鳴丑：一顆圓光明已久，內外推尋覓總無，境上施爲渾大有。」

豁達空。

與佛同時有外道六師，其見皆落空。一曰富蘭那迦葉，一切法斷滅性空，無君臣父子忠孝之道。二曰末伽梨拘賒梨子，謂衆生罪垢無因無緣。三曰刪闍夜毗羅胝子，謂道不須求，經生死劫數，若盡自得。四曰阿耆多翅舍欽婆羅，主將修苦行，謂今身併受苦，後夜身常樂。五曰迦羅鳩馱迦旃延，主張應物起見，人問有耶？即答有；問無耶？即答無。六曰尼犍陀菩提子，謂罪福苦樂盡由前世，要當必償，今雖行道，不能中斷。又我國道家莊周主張自然主義，皆豁達空之流也，乃止、作、任、滅四病中之任病。

撥因果。

撥因果，是四病中之止病、作病。僧問慧忠國師曰：「即心是佛，可更修萬行否？」師曰：「諸聖皆具二嚴，豈撥無因果耶！」

又雲居智禪師曰：「見有淨穢凡聖，亦是大病；作無凡聖解，又屬撥無因果。」

莽莽蕩蕩招殃禍。

如是知，如是見，如是行，如是解，如是錯誤生死輪迴，無有了期。四病未除，莽莽蕩蕩，招殃惹禍，動輒得咎，豈不大可懼耶？

棄有著空病亦然。

《壇經》六祖曰：「善知識！莫聞吾說空便即著空，第一莫著空，若空心靜坐，即著無記空。」

六師外道以及小乘二乘，皆棄有落空，即四病中之滅病也。

荷澤曰：「聲聞修空住空被空縛，修定住定被定縛，修靜住靜被靜縛，修寂住寂被寂縛。是故《般若經》云：『若取法相，即著我、人、衆生、壽者。』」《維摩詰經．問疾品》云：「云何平等？謂我等涅槃等……空病亦空。」

還如避溺而投火。

棄有落空，如避溺投火一樣，喪身失命。

捨妄心，取真理。

捨妄取真皆是作病，亦曰「我執」。古來修行人，每謂「佛性能起妄念，破一分無明，證一分法身，無明破盡，法身顯露」，此乃大錯。佛性本是大覺，不起妄念，妄念乃自腦筋見聞覺知起，故無明妄念斷盡是落空。自性法身本來具足，無明本無體性，故法身非破無明而有，無明亦非一分一分而破，所謂見則直下便見，擬思即差。又謂大乘「非空非有，亦空亦有」，此乃外道四句百非之理，與大乘法相隔天淵。

《燈錄》神會大師示衆生云：「無作乃攀緣自息。」

取捨之心成巧偽。

誌公〈大乘讚〉云：「法性本來常寂，蕩蕩無有邊畔。安心取捨之間，被他二境迴換。」

佛性中無取無捨，取捨之心乃見聞覺知作用，無明爲主，皆是巧僞造作，如龍潭出水一般，非本來真心也。《維摩詰經》云：「調伏心是聲聞法。」

學人不了用修行。

修行人不了真心具足之理，故捨妄取真，落於四病，爲法所縛。

《荷澤語錄》：「衆生若有修，即是妄心，不可得解脫。」

深成認賊將為子。

修行人錯認四病爲法門，錯認四相爲佛性，無法成道。

《圓覺經》云：「譬如有人認賊爲子，其家財寶終不成就。」

損法財，滅功德。

祇因認賊爲子，故自性法財功德皆歸損滅。

莫不由斯心意識。

《圓覺經》云：「以有思惟心，測度如來圓覺境界，如取螢火燒須彌山，終不能著。」

是以禪門了卻心。

無明窠臼打破，真心顯露，大事已了。

《楞伽經》云：「佛語心爲宗，無門爲法門。」

〈顯宗記〉云：「知空寂而了法身，了法身而真解脫。」

頓入無生知見力。

直截根源，證無生法忍，知見與諸佛無別。

大丈夫。

崔趙公問徑山道欽禪師曰：「弟子今欲出家得否？」師曰：「出家乃大丈夫事，非將相之所能爲。」公於是有省。

《壇經》五祖曰：「不識本心，學法無益；若識自本心，見自本性，即名丈夫。」

荷澤曰：「縱見恒沙佛來，亦無一念喜心；縱見恒沙衆生一時俱滅，亦無一念悲心。此是大丈夫，得空心平等。」

秉慧劍。

以智慧爲劍。《維摩詰經》云：「以智慧劍，破煩惱賊。」

般若鋒兮金剛燄。

以般若爲鋒，以金剛爲燄，金剛能壞萬物，萬物不能壞金剛。修大乘人，以觀照般若，利用方便般若爲武器，破無始無明，證實相般若。

〈顯宗記〉云：「妙中之妙，即妙法身；天中之天，乃金剛慧。」

荷澤曰：「譬如一綟之絲，其數無量，若合爲繩，置於木上，利劍一斬，一時俱斷，絲數雖多，不勝一劍。發菩薩心人，亦復如是，若遇真正善知識，以方便直示真如，用金剛慧斷諸地位煩惱，豁然曉悟，自見法性本來空寂，慧利明了，通達無礙。」

非但空摧外道心。

外道斷常見落於空，惟大乘法能破之。

早曾落卻天魔膽。

天魔者，欲界、色界、無色界之魔，惟大乘能破之。《維摩詰經》云：「雖過魔行，而現降伏衆魔，是菩薩行。」又曰：「一切衆魔及諸外道，皆吾侍也。所以者何？衆魔者樂生死，菩薩於生死而不捨；外道者樂諸見，菩薩於諸見而不動。」

震法雷，擊法鼓。

說最上乘法，警惕眾生。

布慈雲兮灑甘露。

古德云：「汝學般若，如下種子，我說法要，如此天澤。」

六祖云：「我今說法，猶如時雨，普潤大地；汝等佛性，譬諸種子，遇茲霑洽，悉得發生。承吾旨者，決獲菩提；依吾行者，定證妙果。」

龍象蹴蹋潤無邊。

譬喻大乘法，非小乘中乘所及。經云：「龍象蹴踏，非驢所堪。」

三乘五性皆醒悟。

證此之時，萬象俱絕，恒沙妄念一時頓盡，無邊功德應時等備。

五性者，一、定性聲聞，必開阿羅漢果，有無漏之種子者。二、定性緣覺，必開辟支佛果，有無漏之種子者。三、定性菩薩，必開佛果，有無漏之種子者。四、不定性，有二種或三種之無漏種子者。五、無性，無三乘無漏之種子者。

雪山肥膩更無雜，純出醍醐我常納。

經云：「雪山有草，名曰肥膩，更無雜異，白牛食之，純出醍醐。」雪喻佛性，香草喻大乘法門，白牛喻定慧體用，醍醐喻最上乘法門。

《維摩詰經》云：「若菩薩住是解脫者，以須彌之高廣，內芥子中無所增減，須彌山王本相如故，而四天王、忉利諸天，不覺不知己之所入。唯應度者，乃見須彌入芥子中，是名不可思議解脫法門。」

一性圓通一切性，一法徧含一切法。

自性圓滿不漏，通達無礙，佛性即萬物，萬物即佛性，一即一切，一切即一。百丈懷海禪師云：「變海水爲酥酪，破須彌爲微塵，攝四大海水入一毛孔，於一義作無量義，於無量義作一義。」

一月普現一切水，一切水月一月攝。

月喻佛性，水喻萬物，佛性現萬物體中，如月現於一切水，萬物之性皆攝於佛性，如一切水中之月，皆攝於一月也。

〈顯宗記〉：「如水分千月，能見聞知覺，見聞覺知而常空寂。」

諸佛法身入我性，我性同共如來合。

諸佛法身與我之佛性無別。《圓覺經》云：「如百千燈，光照一室，其光偏滿，無壞焦雜……光體無二。」《維摩詰經》云：「供養於十方，無量億如來，諸佛及己身，無有分別想。」

一地具足一切地。

若了一，萬事畢，本體已得，一切具足。

非色非心非行業。

自性中無所謂色心行業。

彈指圓成八萬門。

彈指之間頓證實相，則八萬四千總持門皆圓滿具足。

《燈錄》神會大師示衆云：「其頓也，屈伸臂頃，便登妙覺。」

剎那滅卻三祇劫。

無始無明囙的打破，剎那間，三阿僧祇劫、生死皆歸銷滅。

一切數句非數句。

明心見性之後，三藏十二部經典、一千七百則公案，不過一笑，語默動靜皆不相干。

與吾靈覺何交涉。

靈覺指大覺佛性，一切經典語默，與佛性皆没交涉。

不可毀，不可讚。

《維摩詰經．佛道品》云：「如是道無量，所行無所涯，智慧無邊際，度脫無數衆。假令一切佛，於無量億劫，讚歎其功德，猶尚不能盡。」

佛性湛寂圓融，毀讚不相干。

體若虛空勿涯岸。

體即法身，徧滿十方，超於空間，無有涯岸。

《壇經》六祖曰：「善知識！世界虛空，能含萬物色像，日月星宿、山河大地、泉源溪澗、草木叢林、惡人善人、惡法善法、天堂地獄、一切大海、須彌諸山，總在空中，世人性空，亦復如是。」

不離當處常湛然。

佛性無所不在，起心動念，當處即是。昔魏府老洞華嚴云：「佛法在日用處、行住坐臥處、喫茶喫飯處、語言相問處、所作所爲處。」龐居士云：「日用事無別，唯吾自偶諧。頭頭非取捨，處處勿張乖。朱紫誰爲號，丘山絕點埃。神通並妙用，運水及搬柴。」〈顯宗記〉：「湛然常寂，應用無方。」

覓即知君不可見。

佛性不可思量測度見到，當下便見，擬思即差。趙州從諗禪師曰：「今時修行人，一似獵狗，專欲得物喫，佛法在甚麼處？千人萬人，盡是覓佛漢子，於中覓一箇道人無。」人問禪師云：「如何是佛性？」曰：「大似騎驢覓驢。」

六祖〈無相頌〉曰：「佛法在世間，不離世間覺。離世覓菩提，恰如求兔角。」

誌公〈大乘讚〉：「若欲存情覓佛，將網山上羅魚。徒費功夫無益，幾許枉用功夫。」

取不得，捨不得。

佛性圓滿現成，無取無捨。

不可得中祇麼得。

傅大士偈云：「夜夜抱佛眠，朝朝還共起。起坐鎮相隨，語默同居止。纖毫不相離，如身影相似。欲識佛去處，祇這語聲是。」

《荷澤語錄》：「相應義者，謂見無念；見無念者，謂了自性；了自性者，謂無所得；以其無所得，即如來禪。」

默時說，說時默。

此乃祖師接引後人法門也，謂之祖師禪。默時説者，於無諍三昧中，舉一物以表示佛性，如舉拂拈槌、擎拳舉手、吹毛擊竹是也；説時默者，問東説西、垢罵噓喝，皆入無諍三昧之中是也。世尊拈花示衆，亦是默時説法也。

大施門開無壅塞。

自有祖師禪，而大施門開矣。

昔東京淨因繼成禪師，同圜悟、法真、慈受，並十大法師、禪講千僧，赴太尉陳公良弼府齋。時徽宗私幸觀之，有善《華嚴》者，賢首宗之義虎也，對衆問曰：「吾佛設教，自小乘至於圓頓，掃除空有，獨證真常，然後萬德莊嚴，方名為佛。常聞禪宗一喝能轉凡成聖，與諸經論似相違背。今一喝若能入吾宗五教，是為正說；若不能入，是為邪說。」諸禪視師，師曰：「如法師所問，不足三大禪師之酬，淨因小長老，可以使法師無惑也。」師召善，善應諾，師曰：「法師所謂小乘教者，乃有義也；大乘始教者，乃空義也；大乘終教者，乃不有不空義也；大乘頓教者，乃即有即空義也；一乘圓教者，乃不有而有、不空而空義也。如我一喝，非惟能入五教，至於工巧伎藝、諸子百家，悉皆能人。」師震聲喝一喝，問善曰：「聞麼？」曰：「聞。」師曰：「汝既聞此一喝是有，能入小乘教。」須臾又問善曰：「聞麼？」曰：「不聞。」師曰：「汝既不聞，適來一喝是無，能入始教。」遂顧善曰：「我初一喝，汝既道有，喝久聲消，汝復道無，道無則原初實有，道有則而今實無，不有不無，能入終教。我有一喝之時，有非是有，因無故有；無一喝之時，無非是無，因有故無。即有即無，能入頓教。須知我此一喝，不作一喝用，有無不及，情解俱忘。道有之時，纖塵不立；道無之時，橫偏虛空。即此一喝入百千萬億喝，百千萬億喝入此一喝，是故能入圓教。」善乃起再拜。師復謂曰：「非唯一喝爲然，乃至一語一默、一動一靜、從古至今、十方虛空、萬象森羅、六趣四生、三世諸佛、一切聖賢、八萬四千法門、百千三昧、無量妙義、契理契機，與天地萬物一體，謂之法身；三界惟心、萬法惟識、四時八節、陰陽一致，謂之法性。是故《華嚴經》云：『法性偏在一切處。』有相無相、一聲一色，全在一塵中含四義，事理無邊，周徧無餘，參而不雜，混而不一，於此一喝中皆悉具足，猶是建化門庭，隨機方便，謂之小歇場，未至寶所。殊不知吾祖師門下，以心傳心，以法印法，不立文字，見性成佛，有千聖不傳底向上一路在。」善又問曰：「如何是向上一路？」師曰：「汝且向下會取。」善曰：「如何是寶所？」師曰：「非汝境界。」善曰：「望禪師慈悲。」師曰：「任從滄海變，終不爲君通。」善膠口而出，聞者靡不歎仰。

有人問我解何宗？報道摩訶般若力。

〈顯宗記〉云：「妙有即摩訶般若，真空即清淨涅槃。」摩訶譯爲「大多勝」，般若譯爲「智慧」，有三種：一、實相般若，即佛性本體。二、觀照般若，即見聞覺知。三、方便般若，即六根。修大乘法，乃由觀照般若，利用方便般若破無始無明，證實相般若。

《壇經》六祖曰：「心量廣大，徧周法界，用即了了分明，應用便知一切，一切即一，一即一切，去來自由，心體無滯，即是般若。」

《荷澤語錄》云：「遠法師問曰：『禪師修何法？行何行？』神會和尚答言：『修般若波羅蜜法，行般若波羅蜜行。』遠法師問曰：『何故不修餘法，不行餘行，唯獨修般若波羅蜜法，行般若波羅蜜行？』和尚曰：『修行般若波羅蜜者，能攝一切法；行般若波羅蜜行，即是一切行之根本。是故金剛般若波羅蜜，最尊最勝最第一，無生無滅無去來，一切諸佛從中出。」

或是或非人不識。

馬祖云：「即心即佛，非心非佛，不是心，不是佛，不是物。」又云：「有時教汝揚眉瞬目，有時教汝不揚眉瞬目，有時揚眉瞬目是，有時揚眉瞬目不是。」

逆行順行天莫測。

《維摩詰經》云：「若菩薩行於非道，是爲通達佛道。」

如南泉斬貓、歸宗斬蛇、丹霞燒木佛、德山喝佛罵祖、汾陽昭毀詆諸方。

又信州鵝湖大義禪師，唐憲宗詔入麟德殿論義，有法師問：「如何是四諦？」師曰：「聖上一帝，三帝何在？」法師無語。又問：「欲界無禪，禪居色界，此土憑何而立禪？」師曰：「法師祇知欲界無禪，不知禪界無欲。」曰：「如何是禪？」師以手點空，法師又無對。帝曰：「法師講無窮經論，祇這一點尚不奈何。」

吾早曾經多劫修。

《金剛經》云：「不於一佛、二佛、三、四、五佛而種善根，已於無量千萬佛所，種諸善根。」

高峯禪師云：「修行人如一人與萬人敵，又如逆水行舟。」潙山云：「生生若能不退，佛階決定可期。」

《維摩詰經》云：「爾時毗耶離大城中，有長者名維摩詰，已曾供養無量諸佛，深植善本，得無生忍。」

不是等閑相誑惑。

《金剛經》云：「如來是真語者、實語者、如語者、不誑語者、不異語者。」

又吉州志誠禪師問六祖：「未審和尚以何法誨人？」祖曰：「吾若言有法與人，即爲誑汝。」

《維摩詰經》云：「諦是道場，不誑世間故。」

建法幢。

六祖以前，佛法多屬文字有爲之法，以心傳心之旨未大彰於世，學者多拘執文字，爲法所縛；六祖出世，大揚宗風，蕩滌舊污，別開生面，一花五葉，一燈千燈，法幢高建，照耀前古。

立宗旨。

中土頓宗至六祖而完全建立，荷澤禪師復定南頓北漸之稱。〈顯宗記〉云：「內傳心印，印契本心；外傳袈裟，將表宗旨。」〈南宗定是非論〉曰：「和尚語法師：『神會今設無遮大會，兼莊嚴道場，不爲功德，爲天下學道者定宗旨，爲天下學道者辨是非。』」

明明佛敕曹溪是。

自達摩西來，傳法以衣爲信，至六祖衣止不傳，單傳心印，得法者益衆，故曹溪乃佛教上劃時代之人物。

第一迦葉首傳燈。

世尊於靈山會上拈花示衆，唯迦葉一人破顏含笑。世尊云：「吾有正法眼藏，涅槃妙心，實相無相，微妙法門，付囑於汝，以爲教外別傳之旨。」從此祖祖相承，心心相印，如一燈傳百千燈。

二十八代西天記。

自迦葉二十八傳至達摩，爲天竺禪宗系統，達摩入中土，爲中土第一祖。〈顯宗記〉：「自世尊滅後，西天二十八祖，共傳無住之心，同說如來知見，至於達摩，居此爲初。」

法東流，入此土。

達摩來中國，爲禪宗入中國之始。

菩提達摩為初祖。

達摩祖師，自南天竺泛海東來，於梁普通八年九月廿一日抵廣州，武帝詔至金陵，因緣不契，移至嵩山，面壁默坐，人莫測之。後九年得慧可大師傳法，是爲禪宗第二代祖師。

六代傳衣天下聞。

慧可傳僧璨爲第三祖，僧璨傳道信爲四祖，道信傳弘忍爲五祖，弘忍傳惠能爲六祖，事迹詳載《傳燈錄》，六祖有《壇經》，流傳最廣。

《壇經》五祖謂惠能曰：「昔達摩大師初來此土，人未之信，故傳此衣以爲信體，代代相承，法則以心傳心，皆令自悟自解。自古佛佛惟傳本體，師師密付本心，衣爲爭端，止汝勿傳。」

後人得道何窮數。

六祖傳法不傳衣，得道者極衆，一時行婆走卒，皆有見性成佛者，名字載《傳燈錄》者千餘人，餘不知名者無有窮數，可謂盛矣。

《壇經》五祖謂六祖曰：「以後佛法由汝大行。」

真不立。

佛性本來是真如，不須再求真。

妄本空。

妄本無體性，如人作夢，夢時非無，醒來了不可得。

有無俱遣不空空。

見性之後，真、妄、有、無皆是佛性。空者，真空，即真如佛性，徧滿虛空。

誌公〈十二時頌〉云：「生死何曾屬有無，用時便用無文字。」

敦煌本〈顯宗記〉云：「無不能無，有不能有，行住坐臥，心不動搖，一切時中，獲無所得。」

《維摩詰經．問疾品》云：「文殊師利言：『居士！此室何以空無侍者？』維摩詰言：『諸佛國土亦復皆空。』又問：『以何爲空？』答曰：『以空空。』又問：『空何用空？』答曰：『以無分別空故空。』又問：『空可分別耶？』答曰：『分別亦空。』」又曰：「雖行於空，而植種德本，是菩薩行。」

二十空門元不著。

二十門者，乃佛方便度衆生之法門，即一切布施門、具足持戒門、無盡忍辱門、無量苦行精進門、禪定寂靜三昧門、無量大辯智慧門、一切所行方便門、四無量神通門、大慈大悲四攝門、無量功德智慧門、一切緣起解脫門、清淨根力道法門、聲聞小乘門、緣覺中乘門、無上大乘門、無常衆苦門、無我衆生門、不淨離欲門、寂靜滅定三昧門、隨諸衆生起病門。此二十門，或方便衆生而設，自見性者觀之皆用不著，故佛說四十九年，未曾說著一字。

李翺問藥山：「如何是戒定慧？」山曰：「貧道這裏無此閑傢具。」

一性如來體自同。

佛性本體乃絕對者，本來圓滿，無所謂真妄、有無、同異，因此名目皆是相對故也。

昔南塔光涌禪師，依仰山剃度，北遊謁臨濟，復歸侍山。山曰：「汝來作甚麼？」師曰：「禮覲和尚。」山曰：「還見和尚麼？」師曰：「見。」山曰：「和尚何似驢？」師曰：「某甲見和尚亦不似佛。」山曰：「若不似佛，似箇甚麼？」

師曰：「若有所似，與驢何別？」山大驚曰：「凡聖兩忘，情盡體露，吾以此驗人二十年，無決了者，子保任之。」

又五祖告六祖曰：「汝是嶺南人，又是獦獠，若爲堪作佛？」六祖對曰：「人雖有南北，佛性本無南北。」

心是根，法是塵。

心是根即我執，小乘斷六根破我執，我執破而法執存，二乘破法執而落於空執，皆非徹底之法也。

兩種猶如鏡上痕。

小乘破我執、中乘破法執，乃有取有捨、有垢有淨，皆屬有爲法，如鏡上有痕。

痕垢盡除光始現。

惟大乘破空執爲究竟法門，空執破而佛性現，如痕垢盡而鏡光現。

心法雙亡性即真。

見佛性之後，根塵皆變爲佛性。

慧思禪師偈曰：「天不能盡地不載，無去無來無障礙。無長無短無青黃，不在中間及內外。超羣出衆太虛玄，指物傳心人不會。」

〈顯宗記〉云：「心如境謝，境滅心空。心境雙亡，體用不異。真如性淨，慧鑑無窮。」

嗟末法，惡時世。

佛法本無所得，無取無證，名爲正法。今時修行人不求自心，徒向經卷文字是非上討生活，棄本逐末，故名末法。其實佛祇有一法，無所謂正、像、末之別，故中峯禪師云：「法無正像末三時之等差，人何上中下三根之端的？惟知近學之弗荒，不擬真功之自績。」舉世盡是棄本逐末之人，故曰「惡時世」。

衆生福薄難調制。

衆生不聞正法，故曰「福薄」，五陰熾盛，難爲調制。

去聖遠兮邪見深。

聖者，指明心見性之善知識也。善知識日少，邪見日深，學佛人或誤認外道四句百非之說爲佛法，或以鬼神迷信之說爲佛法。

魔強法弱多怨害。

小乘二乘外道之說日盛，而大乘之法日微，倘有倡大乘之法者，彼輩必生嫉忌而加以冤害。

聞說如來頓教門，恨不滅除令瓦碎。

二乘外道之人習於淺陋，驟聞頓教，不但不信，反加誹謗而思滅除之。

《壇經》：「惠能於東山得法，辛苦受盡，命似懸絲，今日得與使君、官僚、僧尼、道俗同此一會，莫非累劫之緣，亦是過去生中供養諸佛，同種善根，方始得聞如上頓教得法之因。教是先聖所傳，不是惠能自智，願聞先聖教者，各令淨心，聞了各自除疑，如先代聖人無別。」

作在心，殃在身。

心造業則身遭殃，有果則有報，所謂自作自受。〈顯宗記〉：「心本無作，道常無念。」

不須冤訴更尤人。

造業遭殃皆自己所爲，欲向誰訴？怨天尤人，皆屬無益。

欲得不招無間業。

梵文「阿鼻」，此云「無間」，爲極苦之地獄。

莫謗如來正法輪。

〈大乘律〉云：「斷學般若，作一闡提，罪過無邊。」正法輪者，指正法眼藏、涅槃妙心，乃最上乘法也。

栴檀林，無雜樹。

梅檀林中，雜樹不能生長，入林中惟聞梅檀之香，不聞異香，譬喻佛性絕對之境，一切相對者皆不能立足，惟大乘人能到，小乘中乘不能涉足。

鬱密森沈師子住。

師子譬喻大乘見性菩薩，鬱密森沈譬喻佛性絕對之境，唯明心見性者能到。

境靜林閑獨自遊。

獨遊如來境中，不與萬法爲侶。

走獸飛禽皆遠去。

走獸飛禽喻小乘中乘人，未能領受故皆遠去，即法華會中退席五千人是也。

師子兒。

指明心見性的宗師。

眾隨後。

爲人天師表，衆生皆須追隨參學。

三歲便能大哮吼。

宗門中出一人，如師子生兒，三歲便能大吼，使百獸震懾。

若是野干逐法王。

野干，獸名，其狀略同獅子。野干說法，譬喻用腦筋測度佛性者，言空言有、談玄說妙，語雖相彷彿，而實隔天淵。

百年妖怪虛開口。

未明心見性之人，講說如來經典，如同野干冒充師子，毫無是處。

圓頓教。

修向上一著法門，謂之圓頓教。

勿人情。

修頓教者，悟便是悟，不悟便是不悟，不能未悟自謂是悟，明眼宗師接引後進亦不輕許，須是徹底證悟者方與印證，毫無人情可講。

有疑不決直須爭。

參禪人須下疑情，心中有不能決了處須力爭，不可稍存情面。

不是山僧逞人我。

有疑須爭，非教人逞人我之見，乃恐學道人落於任病及外道之見，外道四句百非、六師斷滅之見，表面上常與佛理相彷彿，稍不留心便成大錯，故有疑須爭，不可苟且。

修行恐落斷常坑。

六祖云：「無記空。」

非不非，是不是。

此乃外道四句百非也。四句者，有、無、亦有亦無、非有非無是也；百非者，由四句再積成百句，乃外道立此雙關語以爲高。其實此等語最爲誤人，是非模稜兩可不著邊際，以此處世尚且不可，況學佛乎？佛理分明，是即是，非即非，不悟是不悟，絲毫不能含混。

差之毫釐失千里。

小乘中乘錯認止、作、任、滅四病爲修行法門，錯認我、人、衆生、壽者四相爲佛性境界，所謂差之毫釐失之千里。

是則龍女頓成佛。

是者，指聞頓教而能悟入者。昔靈山會上，有一龍女獻佛珠寶，世尊受之而爲說法，龍女頓悟無生法忍（出《法華經》）。

《燈錄》神會示衆曰：「其漸也，歷僧祇劫，猶處輪迴；其頓也，屈伸臂頃，便登妙覺。」〈顯宗記〉云：「一念相應，頓超凡聖。」（敦煌本）

《荷澤語錄》：「比丘無行問：『見俊法師所說，龍女是權，不得爲實，若是實者，刹那發心豈能斷諸位地煩惱？見俊法師作如是說，無行尚疑，願和尚再示。』和尚言：『前列絲喻以明，即合盡見，何必更疑？《華嚴經》云：『十信初發心，金剛慧便成正覺。』菩提之法，有何次第？言龍女是權者，《法華經》圓頓不思議義，有何威力？」

非則善星生陷墜。

昔有善星比丘，念得《十八香象駝經》，不解佛意，錯加揣測，反成謗墮，故非真能學佛、真能修行者。

六祖示誦經僧法達偈曰：「心迷法華轉，心悟轉法華。誦經久不明，與義作讎家。」

吾早年來積學問，亦曾討疏尋經論。

佛性妙理，非語言文字所能表達，凡經論註疏不過助記憶而已，欲見佛性仍須求諸自心。福州古靈禪師得意後，見其本師日日在窗下看經，適有蜂子投窗紙求出，因諷曰：「世界如許廣闊不肯出，鑽他故紙驢年去。」遂有偈曰：「空門不肯出，投窗也太癡。百年鑽故紙，何日出頭時？」法達禪師誦《法華》三千部，而不悟牛車之旨，智通禪師看《楞伽》千餘徧，而莫解三身四智之義，一經六祖指點，當下知歸。〈大乘讚〉：「世間幾許癡人。」

分別名相不知休，入海算沙徒自困。

分別四教名相，如入海算沙，徒自疲困。誌公〈大乘讚〉云：「口內誦經千卷，體上問經不識。不解佛法圓通，徒勞尋行數墨。」

昔趙州禪師問僧：「一日看多少經？」僧曰：「或七八，或十卷。」師曰：「闍梨不會看經。」曰：「和尚一日看多少？」師曰：「老僧一日秖看一字。」

卻被如來苦呵責。

《楞嚴經》：「佛呵阿難：『汝雖歷劫薰持諸佛如來祕密妙嚴，不如一日修無漏業。』」

數他珍寶有何益。

讀經看教，不能宛轉歸就自己，如同畫餅不能充饑，又如數他人珍寶，自己無半錢分。

《壇經》云：「世人終日口念般若，不識自性般若，猶如說食不飽，口但說空，萬劫不得見性，終無有益。」

從來蹭蹬覺虛行。

馬祖告大珠慧海禪師曰：「自家寶藏不顧，拋家散走作甚麼？」

多年枉作風塵客。

學佛不能明心見性，如入寶山空手而歸。

誌公〈大乘讚〉云：「世間幾許癡人，將道復欲求道。廣尋諸義紛紜，自救己身不了。專尋他文亂說，自稱至理妙好。徒勞一生虛過，永劫沈淪生老。」

種姓邪。

認外道六師斷常之見爲佛法。

《圓覺經》云：「雖求善友，遇邪見者，未得正悟，是則名爲外道種姓。」

錯知解。

認四病四相爲佛法。

不達如來圓頓制。

不能領受明心見性圓頓法門。

二乘精進勿道心。

小乘斷六根、中乘斷一念無明，跑錯路途，雖苦行精進，終不能明心見性。

《法句經》云：「若起精進心，是妄非精進；若能心不妄，精進無有涯。」

外道聰明無智慧。

智慧有三種，曰「實相」、「觀照」、「方便」。外道有方便、觀照兩種智慧，而無實相智慧，故雖聰明，而實無智慧。

昔慧忠國師問一禪客曰：「南方知識，如何示人？」曰：「彼方知識，直下示學人即心是佛，佛是覺義，汝今悉具見聞覺知之性，此性善能揚眉瞬目，去來運用，徧於身中，挃頭頭知，挃腳腳知，故名正徧知，離此之外，更無別佛。此身即有生滅，心性無始以來未曾生滅，身生滅者，如龍換骨、蛇脫皮、人出故宅，即身是無常，其性常也。南方所說，大約如此。」師曰：「若然者，與彼先尼外道無有差別。彼云：『我此身中有一神性，此性能知痛癢，身壞之時，神則出去，如舍被燒，舍主出去，舍即無常，舍主常矣。』審如此者，邪正莫辨，孰爲是乎？吾比遊方，多見此色，近尤盛矣。聚卻三五百衆，目視雲漢，云是南方宗旨，把它《壇經》改換，添糅鄙談，削除聖意，惑亂後徒，豈成言教？苦哉！吾宗喪矣。若以見聞覺知是佛性者，《淨名》不應云：『法離見聞覺知，若行見聞覺知，是則見聞覺知，非求法也。』」

誌公〈十四科頌〉云：「百歲無智小兒，小兒有智百歲。」

亦愚癡，亦小騃。

大人無智曰愚，小兒無智曰騃，二乘如愚，外道如騃，惟大乘不然。如《維摩詰經》云：「示行愚癡，而通達世間、出世間慧。」

空拳指上生實解，執指為月枉施功。

《圓覺經》云：「修多羅教，如標月指，若復見月，了知所標，畢竟非月。」以手指指月示人，而人誤認此手指爲月。佛性譬如月，根塵識譬如指，二乘認見聞覺知爲佛性，如認手指作月亮，終不能見月亮。

根境法中虛揑怪。

二乘認四相爲佛性、四病爲用功法門，在根塵境中轉，徒自揑怪而已。

不見一法即如來。

《金剛經》云：「乃至無有少法可得，是名阿耨多羅三藐三菩提。」

方得名為觀自在。

司空山本淨禪師偈曰：「見聞覺知無障礙，聲香味觸常三昧。如鳥空中祇麼飛，無取無捨無憎愛。若會應處本無心，始得名爲觀自在。」

了即業障本來空。

明心見性後，自性中本無業障。如二十四祖師子尊者、慧可大師，皆明心見性而死於非命，究爲了乎抑不了乎？皓月供奉問長沙岑和尚：「古德云：『了即業障本來空，未了應須還夙債。』祇如師子尊者、二祖大師，爲甚麼得償債去？」沙曰：「大德不識本來空。」月曰：「如何是本來空？」沙曰：「業障是。」曰：「如何是業障？」沙曰：「本來空是。」月無語。沙以偈示之曰：「假有元非有，假滅亦非無。涅槃償債義，一性更無殊。」

未了應須償宿債。

未明心見性之人，果報即是果報。

《華嚴經》云：「假使百千劫，所作業不亡，因緣會遇時，果報還自受。」

饑逢王膳不能餐，病遇醫王爭得瘥？

小乘二乘外道之人聞大乘妙法，如餓人遇王者之膳，反恐怖不敢食；又如久病之人，遇醫王反生疑而不敢信。

在欲行禪知見力，火中生蓮終不壞。

見性之後，語默動靜皆在定中，知見與佛無別，雖在欲中而不爲欲轉，如火裏生蓮。趙州禪師云：「汝等爲十二時使，老僧能轉十二時。」《楞嚴經》云：「若能轉物，即同如來。」

昔有僧問古德：「欲界無禪，大德！云何言有禪定？」德云：「闍梨祇知欲界無禪，不知禪界無欲，到者（這）田地，治生產業皆與實相不相違背。」故《圓覺經》云：「一切障礙即究竟覺，得念失念無非解脫，成法破法皆名涅槃，智慧愚癡通爲般若，菩薩外道所成就法同是菩提，無明真如無異境界，諸戒定慧及淫怒癡俱是梵行，衆生國土同一法性，地獄天宮皆爲淨土。」《維摩詰經．佛道品》云：「示受於五欲，亦復現行禪，令魔心憒亂，不能得其便。火中生蓮華，是可謂希有，在欲而行禪，希有亦如是。」

勇施犯重悟無生，早時成佛於今在。

古時印度有一比丘名勇施，忽於如來禁戒有所缺犯，既犯四重根本之罪，欲自清淨，即將三衣掛錫上，高聲唱言：「我犯重罪，誰爲我懺？」如是唱言，至一精舍，遇一尊者名鼻鞠多羅，令推罪性了不可得，勇施比丘豁然大悟。誌公〈十四科頌〉云：「丈夫運用無礙，不爲戒律所制。持犯本自無生，愚人被他禁繫。智者造作皆空，聲聞觸途爲滯。」

師子吼，無畏說。

說大乘法如師子吼，能破一切邪說外道，故曰「無畏說」。

深嗟懵懂頑皮靼。

頑皮靼者，麤厚牛皮，喻小乘鈍根，聞大乘不悟，深可嗟歎。

祇知犯重障菩提。

小乘二乘不了罪性本空，自障其菩提心。

不見如來開祕訣。

自性中無有罪福，世尊常以此誨導衆生。

有二比丘犯淫殺，波離螢光增罪結，維摩大士頓除疑，猶如赫日銷霜雪。

古時印度有二比丘，山中結菴修行，堅持淨戒無有犯缺。一日，一比丘出，一比丘留菴禪定，忽睡著，有一樵女偷犯淨戒，乃內心不悅。至同菴僧歸，具說上事，僧怒趕逐其女，女驚怖墮坑而死。比丘轉加煩惱，共往大德優波離尊者處，求之懺悔，尊者以小乘法解說結罪，二比丘心疑不決，轉生煩惱。時維摩大士呵優波離：「毋重增此二比丘罪，當直除滅，勿擾其心。罪性不在內外中間，心垢故衆生垢，心淨故衆生淨，妄想是垢，無妄想是淨，一切法不住，乃至一念不住，諸法皆妄見，以妄想生。知此者是名奉律，是名善解。」時二比丘疑悔即除，發阿耨多羅三藐三菩提心。故曰：「猶如赫日銷霜雪。」

《觀普賢菩薩行法經》曰：「若欲懺悔者，端坐念實相，衆罪如霜露，慧日能消除。」《無量壽經》曰：「慧日朗世間，消除生死雲。」

又《維摩詰經》云：「欲行大道，莫示小徑，無以大海內於牛迹，無以日光等彼

螢火。」（波離以小乘結罪猶如螢光，言其見小也）

不思議，解脫力，妙用恒沙也無極。

佛性妙用不可思議。《維摩詰經．不思議品》云：「諸佛菩薩有解脫名不可思議，若菩薩住是解脫者，以須彌之高廣內芥子中，無所增減，須彌山王本相如故，而四天王、忉利諸天，不覺不知己之所入，唯應度者，乃見須彌入芥子中，是名不可思議解脫法門。」又云：「住不可思議解脫菩薩，斷取三千大千世界，如陶家輪著右掌中，擲過恒沙世界之外，其中衆生不覺不知己之所往，又復還置本處，都不使人有往來想，而此世界本相如故。又舍利弗，或有衆生樂久住世而可度者，菩薩即演七日以爲一劫，令彼衆生謂之一劫；或有衆生不樂久住而可度者，菩薩即促一劫以爲七日，令彼衆生謂之七日。」又曰：「我今略說菩薩不可思議解脫之力，若廣說者，窮劫不盡。」此乃譬喻明心見性之後，佛性妙用超過時間空間，無有障礙也。

四事供養敢辭勞。

四事者：一、衣服。二、臥具。三、餐食。四、醫藥。

萬兩黃金亦銷得。

《傳燈錄》載古德云：「上座若也實悟去，變大地作黃金，攪長河爲酥酪，供養上座未爲分外。」

粉骨碎身未足酬。

明眼宗師接引後人，使之見性成佛，其恩雖粉骨碎身亦難酬報。

一句了然超百億。

圭峯禪師云：「一言之下，心地開通；一軸之中，義天朗耀。」又云：「說半偈義，勝河沙小乘。」如古人參方，一言之下頓了本心。《燈錄》所載，不可悉舉。

法中王，最高勝。

最上乘法乃法中之王，無以復加。

河沙如來同共證。

三世恒沙如來，皆以此法證阿耨多羅三藐三菩提。

我今解此如意珠，信受之者皆相應。

最上乘法如同如意珠，修者可登佛位，知見與佛無別。

《荷澤語錄》：「諸學道者，心無青黃赤白，亦無出入去來及遠近前後，亦無作意，亦無不作意，如是者謂之相應也。」

了了見，無一物。

佛惟現前，惟此爲實，餘二非真，故曰「無一物」。

寶誌禪師曰：「有見見是凡夫見，無見見是聲聞見，不有不無見是外道見。」

又《般若經》云：「見無所見即真見。」

亦無人，亦無佛。

古德云：「十方諸佛，被老僧一口吞盡。」（出《指月錄》）

趙州云：「佛之一字，我不喜聞。自性無名，心、佛、衆生皆是假名。」

司空山本淨禪師曰：「佛是虛名，道亦妄立，二俱不實，總是假名。」

大千沙界海中漚，一切聖賢如電拂。

《圓覺經》云：「此菩薩及末世衆生，修習此心得成就者，於此無修亦無成就，圓覺普照寂滅無二，於中百千萬億阿僧祇不可說恒河沙諸佛世界，猶如空華，亂起亂滅，不即不離，無縛無脫，始知衆生本來成佛，生死涅槃猶如昨夢。」又《楞嚴經》云：「空生大覺中，如海一漚發。有漏微塵國，皆依空所生。漚滅空本無，況復諸三有？」

假使鐵輪頂上旋，定慧圓明終不失。

定慧圓明即本來佛性，不生不滅，肉體死生與佛性不相干，故雖將鐵輪頂上旋，以至肉體毀滅，而佛性不損不壞。

日可冷，月可熱，衆魔不能壞真說。

佛性真理乃絕對者，不可污染變易，故日可變冷，月可變熱，而佛性不能損壞。與魔者、外道二乘邪見邪說，終不能掩佛性真理。

《大般涅槃經》：「日可冷，月可熱，四聖諦，不可易。」

象駕崢嶸謾進途。

象駕譬大乘法，堂皇正大，向大道而進。

誰見螳螂能拒轍。

昔齊莊公出獵，有螳螂舉足將搏其輪，公問其御者曰：「此何蟲也？」對曰：「螳螂。」莊公曰：「若以至微之力，而拒大車，不量其力。」譬喻外道二乘之說，欲與大乘相抗也。

大象不遊於兔徑。

修大乘人，破無始無明、明心見性者，如大象；小乘中乘斷六根、破一念無明，如兔徑。修大乘者，不斷六根及一念無明，如大象不遊兔徑。

大悟不拘於小節。

古來祖師，悟後隨緣度日，坦蕩處世，如藥山不看經、灃州高沙彌不受戒、船子和尚撐船度日、疎山賣布過活、二祖出入茶坊酒肆。

莫將管見謗蒼蒼。

未見性人不能領悟見性後境界，每見不拘小節舉止妄加評議，如以管窺天而謗天小。

未了吾今為君訣。

荷澤將其證道經過和盤托出，實爲希有，如《維摩詰經》云：「智者聞是，其誰不發阿耨多羅三藐三菩提心？我等何爲永絕其根？於此大乘已如敗種，一切聲聞聞是不可思議解脫法門皆應號泣，聲震三千大千世界，一切菩薩應大欣慶，頂受此法，若有菩薩信解不可思議解脫法門者，一切魔衆，無如之何。」

顯宗記溯源

本來無佛無衆生
世界未曾見一人
究竟瞭解是這箇
自性還是自己生

無念為宗，無作為本，真空為體，妙有為用。

夫真如無念，非想念而能知；實相無生，豈色心而能見！

無念念者，即念真如；無生生者，即生實相。

無住而住，常住涅槃；無行而行，即超彼岸。

如如不動，動用無窮，念念無求，求本無念。

菩提無得，淨五眼而了三身；般若無知，運六通而弘四智。

是知即定無生，即慧無慧，即行無行，性等虛空，體同法界。

六度自茲圓滿，道品於是無虧，是知我法體空，有無雙泯。

心本無作，道常無念，無念無思，無求無得，不彼不此，不去不來。

體悟三明，心通八解，功成十力，富有七珍，入不二門，獲一乘理。

妙中之妙，即妙法身；天中之天，乃金剛慧。

湛然常寂，應用無方，用而常空，空而常用。

用而不有，即是真空；空而不無，便成妙有。
妙有即摩訶般若，真空即清淨涅槃。
般若是涅槃之因，涅槃是般若之果。
般若無見，能見涅槃；涅槃無生，能生般若。
涅槃般若，名異體同，隨義立名，故云法無定相。
涅槃能生般若，即名真佛法身；般若能建涅槃，故號如來知見。
知即知心空寂，見即見性無生，知見分明，不一不異。
故能動寂常妙，理事皆如，如即處處能通，達即理事無礙。
六根不染，即定慧之功；六識不生，即如如之力。
心如境謝，境滅心空，心境雙亡，體用不異。
真如性淨，慧鑑無窮，如水分千月，能見聞覺知，見聞覺知而常空寂。
空即無相，寂即無生，不被善惡所拘，不被靜亂所攝，不厭生死，不樂涅槃。

無不能無，有不能有，行住坐臥，心不動搖，一切時中，獲無所得。

三世諸佛，教旨如斯，即菩薩慈悲，遞相傳受。

自世尊滅後，西天二十八祖，共傳無住之心，同說如來知見。

至於達摩，屆此為初，遞代相承，於今不絕。

所傳祕教，要藉得人，如王髻珠，終不妄與。

福德智慧，二種莊嚴，行解相應，方能建立。

衣為法信，法是衣宗，唯指衣法相傳，更無別法。

內傳心印，印契本心；外傳袈裟，將表宗旨。

非衣不傳於法，非法不受於衣；衣是法信之衣，法是無生之法。

無生即無虛妄，乃是空寂之心，知空寂而了法身，了法身而真解脫。

顯宗記。

宗者，佛祖之心得本旨是也，所謂教外別傳，直指人心。自世尊拈花示衆，以至中土祖師之喝棒痛駡、揚眉瞬目、豎拂拈槌、擎拳舉指、一默一言、一嘘一笑，無非從自性如來藏中流露出來，乃至殺貓斬蛇、燒佛駡祖，皆是親切爲人，不離此事，祖祖相傳，至今不絕，名之爲宗。教者，藉語言文字，以發揮佛理者也。三藏十二部經典，以至祖師一切述著，無非欲藉文字方便，宛轉表出佛性妙理。《圓覺經》云：「修多羅（即經藏）教，如標月指，若復見月，了知所標，畢竟非月。一切如來種種言說，開示菩薩，亦復如是。」故知「宗」乃指直接表現佛理，而「教」則間接表現佛理，其方法雖不同，其目的則一也。然細察之，宗不離教，教不離宗，自來宗門雖云不立語言文字，不重看經誦典，然世尊拈花示衆之後，即說曰：「吾有正法眼藏，涅槃妙心，實相無相，微妙法門，不立文字，教外別傳，直指人心，見性成佛。」（出《大梵天王問佛決疑經》）此八句即是語言、即是教理。又如初祖達摩以《楞伽經》印證學者，五祖弘忍以《金剛經》印證學者，四祖道信有法語，六祖惠能有《壇經》，馬祖、百丈、潙山、臨濟、趙州、雲門等皆有法語開示，此宗不離教之明證也；教典之中，如《圓覺經》、《華嚴經》、《梵網經》、《涅槃經》、《無量義經》

等，皆直表宗旨，皆是頓修法門，此教不離宗之明證也。

末世衆生不明斯義，先入爲主，鮮能貫通。習宗者，則以宗非教；習教者，則以教輕宗。其實宗離教，則其傳不廣。如天龍一指、烏窠吹毛，妙則妙矣，獲其利者益鮮；教離宗，則其旨不明，如認指以爲月，棄本而逐末，誤認小乘二乘爲大乘。法達禪師誦《法華》三千部，智通禪師誦《楞伽》千餘徧不能契旨，與義爲讎。故宗教如車之兩輪，相輔而行，不可偏廢。達摩東來以前，教盛於宗，然不可謂無宗也。惟當時研究教典者多，或認指爲月，或爲教理所束縛，不能自脫。傳至唐初，其弊尤甚，教理因之衰微，宗義猶未大顯，學者多執教以疑宗。故荷澤神會大師著此記以明之，並定南頓北漸之義，然後學者知所適從焉。

或曰：「禪爲佛門修行之本，各宗教理雖殊，而其修禪則同，故禪不能獨立爲一宗。」此蓋未明禪之精義，不可不爲分析清楚。禪宗之禪，乃指明心見性，所謂「教外別傳，直指人心，不立文字」者也。達摩未來中土以前，禪經之傳入中土者已有多種，然其程度相去遠甚，有小乘之禪、有中乘之禪、有外道之禪，大乘六度法門雖已傳入，其旨未顯。故當時之禪，或用腦筋測量，或枯坐斷六根，皆是向臆之學，不能明心見性、洞徹本地風光，皆是有爲法，與禪宗之禪相去天淵，不可不辨也。然佛性先天地而有，無始無終，不增不減，一切衆生本來具足佛性，非因達摩之來而有，乃因達摩之來而益易見，又因荷澤神會大師之大聲疾呼而宗旨益彰。然自荷澤神會大師迄今已千餘年，宗旨復歸暗晦久矣，世人或認小乘二乘、外道邪見爲禪爲宗，別傳之旨不絕如縷，故特將荷澤神會大師遺著要義標出，俾學者知所問津焉。

《壇經》六祖云：「我此法門，從上以來，先立無念爲宗，無相爲體，無住爲本。無相者，於相而離相；無念者，於念而無念；無住者，人之本性。於世間善惡好醜，乃至冤之與親，言語觸刺欺爭之時，並將爲空，不思酬害。念念之中，不思前境，若前念、今念、後念，念念相續不斷，名爲繫縛。於諸法上，念念不住，即無縛也，此是以無住爲本。善知識！外離一切相，名爲無相，能離於相，則法體清淨，此是以無相爲體。善知識！於諸境上心不染，曰無念，於自念上，常離諸境，不於境上生心。若祇百物不思，念盡除卻，一念絕即死，別處受生，是爲大錯，學道者思之。若不識法意，自錯猶可，更勸他人，自迷不見，又謗佛經，所以立無念爲宗。」

無念為宗，無作為本，真空為體，妙有為用。

佛性乃絕對者，不受薰染，不起妄念，如《華嚴經》第三十卷云：「佛性恒守本性，無有改變，守其本性，始終不改。」又七十三卷云：「佛性清淨，無染無亂，無礙無厭，不受薰染。」故曰「無念爲宗」。無念者非斷念，佛性體上本來無念，證悟本體之後，念念不離本體，念念皆是真如，故名「無念」。

佛性本來圓滿具足，不假造作，非因修習而有，乃因修習而見。故馬祖云：「悟自本性，一悟永悟，不復更迷。如日出時，不合於闇，智慧日出，不與煩惱闇俱，了心境界，妄想即除，妄想即除，即是無生。法性本有，有不假修，禪不屬坐，坐即有著，若見此理，真正合理。隨緣度日，坐起相隨，戒行增薰，積於淨業，但能如是，何慮不通？」又云：「識取自心，本來是佛，不假修持，萬德圓滿，體自如如。」故曰「無作爲本」。無作者，非不執著之謂也，佛性非不執著而有，亦非執著而無，本來現成圓滿，無欠無餘，無漏無爲，故名「無作」。

佛性本體偏滿虛空，充塞宇宙，圓裹三世，無壞無雜，無所不在，而本無一物，故曰「真空爲體」，即法身淨土是也，亦名「實相般若」。小乘斷六根，落於頑空，中乘斷一念無明，落於空執。一般人說真空，謂不執著空、不執著有、空而不空、不空而空，是爲真空，此等解釋落於外道四句百非窠臼，皆屬錯誤，不可不知。

佛性徧滿十方，謂之「法身」；見性之後，見聞覺知（即腦筋思想）變爲佛性，謂之「報身」；六根變爲佛性，謂之「應身」，名爲一體三身。即體起用，妙用恆沙，隨拈一法皆是佛法，故曰「妙有爲用」。一般人謂不執著空、不執著有、有而不有，謂之妙有，亦是外道四句百非老調，不可不知。

《六祖壇經》云：「若起正真般若觀照，一剎那間妄念俱滅，若識自性，一悟即至佛地。善知識！智慧觀照，內外明徹，識自本心，若識本心，即本解脫，若得解脫，即是般若三昧，般若三昧即是無念。何名無念？若見一切法，心不染著，是爲無念；用即徧一切處，亦不著一切處，但淨本心，使六識出六門，於六塵中無染無雜，來去自由，通用無滯，即是般若三昧，自在解脫，名無念行。若百物不思，當令念絕，即是法縛，即名邊見。善知識！悟無念法者，萬法盡通；悟無念法者，見諸佛境界；悟無念法者，至佛地位。」又曰：「心量廣大，猶如虛空，無有邊畔，亦無方圓大小，亦無青黃赤白，亦無上下長短，亦無瞋無喜，無是無非，無善無惡，無有頭尾諸佛剎土，盡同虛空。世人妙性本空，無有一法可得，自性真空，亦復如是。善知識！莫聞吾說空便即著空，第一莫著空，若空心靜坐，即著無記空。善知識！世界虛空，能含萬物色像，日月星宿、山河大地、泉源溪澗、草木叢林、惡人善人、惡法善法、天堂地獄、一切大海、須彌諸山，總在空中，世人性空，亦復如是。」又曰：「心量廣大，徧周法界，用即了了分明，應用便知一切，一切即一，一即一切，去來自由，心體無滯，即是般若。善知識！一切般若智，皆從自性而生，不從外入，莫錯用意，名爲真性自用。」

夫真如無念，非想念而能知；實相無生，豈色心而能見。

真如乃最終極之實在，非思量測度可及，非世界上任何事物所能譬喻，凡事物所能譬喻而知者，即非最終極之實在、即非真如。無念者，非如木石之無思念，亦非同腦筋所產生之妄念，因真如非可思測而知，故其念亦非思測可知，故曰「無念」。

實相乃真如之本體，真如乃實相之妙用，即體起用，即用歸體，體用一如，故真如即實相，實相即真如。

實相乃最終極之實在，真如乃最真實之妙用，實相超過時間空間，無始無終，無生無滅，故曰「實相無生」。

實相非長短方圓，非青黃黑白，非屬有無，亦非生滅，如用色心測量轉加懸遠，故曰「豈色心而能見」。

無念念者，即念真如；無生生者，即生實相。

明心見性之後，見聞覺知，根、塵、識界皆變爲真如，起心動念皆是真如，此時之念同於無念，無念之念即是真如，真如不離念念，念念不離真如。

明心見性之後，宇宙萬物、山河大地皆變爲實相，此時生滅即同無生，無生之生即是實相。

《六祖壇經》曰：「善知識！無者無何事？念者念何物？無者，無二相，無諸塵勞之心；念者，念真如本性。真如即是念之體，念即是真如之用，真如自性起念，非眼、耳、鼻、舌能念。真如有性，所以起念；真如若無，眼、耳、色、聲當時即壞。善知識！真如自性起念，六根雖有見聞覺知，不染萬境，而真性常自在。故經云：『能善分別諸法相，於第一義而不動。』」

無住而住，常住涅槃；無行而行，即超彼岸。

佛性本體空寂，本無所住，雖無所住而充滿十方，無所不在，故曰「無住而住」。本體如如不動，故曰「常住涅槃」。

《六祖壇經》曰：「道須通流，何以卻滯？心不住法，道即通流；心若住法，名爲自縛。」

佛性本體，清淨不動，本無所行，雖無所行，而能轉物，故曰「無行而行」。古德云：「將山河大地轉歸自己，能如此，便有獨立自由份，生死輪迴皆不相干。」故曰「即超彼岸」。

無住而住是體，無行而行是用。

《金剛經》云：「應無所住而生其心。」應無所住，即是無住而住之體；而生其心，即是無行而行之用。

如如不動，動用無窮，念念無求，求本無念。

本體如如不動，而妙能轉物，即體起用，動用無窮，用雖無窮，而體本不動。體若能動，即非最終極之體（實相），因其爲最終極之體（萬物根源），始能推動一切，動用無窮。

後秦釋道朗〈大般涅槃經序〉云：「夫法性以至極爲體，至極則歸於無變，所以生滅不能遷其常，生滅不能遷其常，故其常不動。」

明心見性之後，念念不離佛性，佛性無求，故念念無求，佛性不離念念，求亦佛性，故曰「求本無念」。

《維摩詰經》云：「若求法者，於一切法應無所求。」

菩提無得，淨五眼而了三身。

菩提是無爲法，本無所得。故釋迦佛云：「我若於法有所得，然（燃）燈佛即不與我授記。」《金剛經》云：「須菩提！實無有法，如來得阿耨多羅三藐三菩提。」又云：「須菩提白佛言：『世尊！佛得阿耨多羅三藐三菩提，爲無所得耶？』佛言：『如是、如是。須菩提！我於阿耨多羅三藐三菩提，乃至無有少法可得，是名阿耨多羅三藐三菩提。』」

五眼者：一、肉眼，戒行清淨。二、天眼，能辨小乘法門。三、慧眼，能辨中乘法門。四、法眼，能辨大乘法門。五、佛眼，能辨最上乘法門。

三身者：一、自性是法身。二、見聞覺知是報身。三、六根是應身。菩提無得，即是明心見性，明心見性之後則五眼清淨，此時六根、見聞覺知皆變爲佛性，應身、報身同於法身，謂之「一體三身」。《維摩詰經》云：「菩提者，不可以身得，不可以心得。」又云：「若有得有證者，則於佛法爲增上慢。」又云：「菩提無住處，是故無有得者。」《壇經》云：「三身佛在自性中，世人總有，爲自心迷，不見內性，外覓三身如來。」

般若無知，運六通而弘四智。

般若譯爲智慧，有三種：一、實相般若（即自性本體，亦即法身）。二、觀照般若（即見聞覺知，亦即報身）。三、方便般若（即六根，亦即應身）。證實相之後，觀照、方便皆變爲實相，實相是體，觀照、方便是用，由體起用，即用歸體，體用一如，故名「般若」。

無知者，無爲是也，般若本體，無取無證無智無得，而本來圓滿體用如如。《大般若經》云：「一切智慧清淨，無二無別、無二分，無別斷故。」

六通者：一、天眼通，見宇宙萬物皆是佛性。二、天耳通，聽聲音語言皆是佛性。三、宿命通，無始無明打破，無量劫生死種子和盤托出。四、神足通，佛性徧滿虛空。五、他心通，同是明心見性者，其知見無二無別。六、漏盡通，明心見性，諸漏已盡，不受後有。佛性本體具足六通，若人能打破無始無明證悟本體，即六通同時具足，運用自如。

四智者：一、大圓鏡智（即佛性）。二、平等性智（即見聞覺知）。三、妙觀察智（即意根）。四、成所作智（即眼、耳、鼻、舌、身五根）。明心見性則四智具足，此時自性本體便是大圓鏡智，自性圓滿具足是也；見聞覺知變爲平等性智，宇宙萬物皆是佛性，清淨平等是也；意根變爲妙觀察智，一切起心動念皆是佛性，妙能觀察是也；眼、耳、鼻、舌、身五根變爲成所作智，五根皆是佛性妙用，成就一切圓滿無礙是也。

一智足則四智皆足，一身具則三身皆具，能具足三身者，同時亦具足四智。六祖惠能偈曰：「自性具三身，發明成四智。不離見聞緣，超然登佛地。吾今爲汝説，諦信永無迷。莫學馳求者，終日説菩提。」又偈曰：「大圓鏡智性清淨，平等性智心無病，妙觀察智見非功，成所作智同圓鏡。五八六七果因轉，但用名言無實性，若於轉處不留情，繁興永處那伽定。」未見性時是識，已見性則轉識爲智；未見性時，八識在因果上轉，是生死輪迴；見性之後，八識變爲四智，在佛性上轉，沒有生死輪迴。四智雖在佛性上轉，而佛性本體如如不動，故名「大圓鏡智」。

是知即定無定，即慧無慧，即行無行，性等虛空，體同法界。佛性等虛空，無形象範圍，而有本智妙用。當其定時，無定可得；當其慧時，無慧可求；當其行時，同於無行。定是慧之體，慧是定之用，體用一如，性等虛空。

《六祖壇經》云：「我此法門，以定慧爲本。大衆，勿迷言定慧別。定慧一體不是二，定是慧體，慧是定用，即慧之時定在慧，即定之時慧在定，若識此義，即是定慧等學。」又曰：「一行三昧者，於一切處、行住坐臥，常行一直心是也。」能行一直心，則行而無行矣。

《荷澤語錄》云：「即定之時是慧體，即慧之時是定用；即定之時不異慧，即慧之時不異定；即定之時即是慧，即慧之時即是定。何以故？性自如故，即是定慧等學。」

定慧等，則無往而非大定，嬉笑怒罵、行住坐臥，皆在定中，一動一靜、一言一默，無非佛性妙用也。

六度自茲圓滿，道品於是無虧，是知我法體空，有無雙泯。

六度者：一、布施，自性寶藏，布施無窮。二、持戒，自性是金剛光明寶戒。三、忍辱，證無生法忍。四、精進，能轉萬物歸就自己。五、禪那，一切處皆是大定。六、智慧，證實相般若。明心見性，則知六度本來圓滿、不假修持，道品本來無虧，不須添補，我法有無皆兩頭話。

心本無作，道常無念，無念無思，無求無得。

佛性本來現成，故不假造作；本來無爲，故無求無得。故誌公和尚云：「佛性天真自然，亦無因緣修造。」

《荷澤語錄》云：「諸學道者，心無青黃赤白，亦無出入去來及遠近前後，亦無作意，亦無不作意，如是者謂之相應也。若有出定入定及一切境界，非論善惡，皆不離妄心，有所得並是有爲，全不相應。」

不彼不此，不去不來，體悟三明，心通八解，功成十力，富有七珍。

佛性不離彼方，不離此方。超過空間，故無彼此；超過時間，故無去來。《金剛經》云：「如來者，無所從來，亦無所去。」

三明者：一、諸佛明。二、菩薩明。三、無明明。佛明，是無始無明已破，佛性光明徧十方；菩薩明，轉萬物為佛性；無明明，無明妄念，皆變為佛性（出《涅槃經》）。明心見性之後，自性體上具此三明。

八解者，八識得解脫，已變為四智是也。《維摩詰經》云：「不捨八邪，入八解脫。」

十力者，佛性具十種智力：一、知是處非處智力，處此道理之義，知物之道理非道理之智力也。二、知三世業報智力，知一切衆生三世因果報業之智力也。三、知諸禪解脫三昧智力，知諸禪定及八解脫三昧之智力也。四、知諸根勝劣智力，知一切衆生根性利鈍之智力也。五、知種種解智力，知一切衆生種種知解之智力也。六、知種種界智力，於世間衆生種種境不同，而如實普知之智力也。七、知一切至處道智力，如五戒、十善之行，至人間天上八正道之無漏法、至涅槃等，各知其行因所致也。八、知天眼無礙智力，以天眼見衆生生死及善惡業緣，無障礙之智力也。九、知宿命無漏智力，知衆生宿命，又知無漏涅槃之智力也。十、知永斷習氣智力，於一切妄惑餘習永斷不生，能如實知之智力也。（出《大智度論・二十五》、《俱舍論・二十九》）

七珍者，即七菩提分：一、擇法覺支，以智慧揀擇法之真僞也。二、精進覺支，以勇猛之心離邪行，而行真法也。三、喜覺支，心得善法，而生歡喜也。四、輕安覺支，於止觀及法界次第，名除覺分，斷除身心麤重，而身輕利安適也。五、念覺支，常明記定慧而不忘，使定慧均等。六、定覺支，心住一境而不散亂也。七、行捨覺支，捨諸謬妄，一切之法皆捨，心平坦懷，更不追憶也。此行蘊所攝，捨之心所，故云行捨。於此七法，行者之心浮動時，用除、捨、定三覺支而攝之，若心沈没時，則用擇法、精進、喜之三覺支起之，念覺支常念定慧，不可廢退，以此七事，得證無學果。

入不二門，獲一乘理。

不二門是絕對，二門是相對，佛性是絕對，其他一切法門皆是相對。

經云：「如人入薝蔔林，唯嗅薝蔔，不嗅餘香。」又云：「如大火聚，觸之不得。」中峯禪師云：「如太阿劍橫按當軒，如大火輪星騰燄熾，使萬物嬰（攖）之則燎，觸之則傷。」皆絕對之譬也。此理實不可言說，故毗耶離之會，文殊菩薩偈不二法門之旨，一時三十二哲之說皆非，獨淨名默然無語，文殊讚爲入不二法門。

《法華經》云：「十方佛土中，唯有一乘法，無二亦無三，除佛方便說。但以假名字，引導於衆生，說佛智慧故。諸佛出於世，唯此一事實，餘二則非真。」一乘理，乃絕對者，其餘二乘皆是相對方便之法，能獲一乘理，則知餘皆虛假也。

《壇經》宗復問曰：「黃梅付囑，如何指授？」惠能曰：「指授即無，惟論見性，不論禪定解脫。」宗曰：「何不論禪定解脫？」惠能曰：「爲是二法，不是佛法，佛法是不二之法。」宗又問：「如何是佛法不二之法？」惠能曰：「法師講《涅槃經》，明佛性是佛法不二之法。如高貴德王菩薩白佛言：『犯四重禁、作五逆罪，及一闡提等，當斷善根佛性否？』佛言：『善根有二，一者常，二者無常，佛性非常非無常，是故不斷，名爲不二；一者善，二者不善，佛性非善非不善，是名不二。蘊之與界，凡夫見二，智者了達，其性無二，無二之性，即是佛性。』」

妙中之妙，即妙法身；天中之天，乃金剛慧。

清淨法身、乃最終極之終極、最純粹之純粹、自性之本體、萬物之根源，故曰「妙中之妙」。天者，非三十三天之天，乃第一義天，以一義入一切義，以絕對破一切相對，如金剛能壞萬物，故名金剛慧。慧者，用也。

《荷澤語錄》：「用金剛慧斷諸地位煩惱，豁然曉悟。」

〈證道歌〉：「大丈夫，秉慧劍，般若鋒兮金剛燄。非但空摧外道心，早曾落卻天魔膽。」

湛然常寂，應用無方，用而常空，空而常用。

佛性本體如如不動，湛然空寂而有本智妙用，妙用恒沙而體寂不動，體寂不動而應用無方，故曰「體用一如」，亦名「妙明真心」。

用而不有，即是真空；空而不無，便成妙有。

佛性充滿十方，隨方起用，而無所得，故曰「用而不有」，祇此無得，便是真空本體。本體雖空寂，而妙能起用，故曰「空而不無」，祇此不無，便不落於空洞斷滅，便成妙有。妙有即是真空，真空即是妙有，真空是體，妙有是用，體用一如，無別無二，是名「三身四智」。

妙有即摩訶般若，真空即清淨涅槃；般若是涅槃之因，涅槃是般若之果。摩訶般若是慧，清淨涅槃是定，定是慧體，慧是定用，即定之時慧在定，即慧之時定在慧，慧是定因，定是慧果，定即是慧，慧即是定，故名定慧等。

般若無見，能見涅槃；涅槃無生，能生般若；涅槃般若，名異體同。般若者，佛性本智妙用也，無見聞覺知之見，而有本智妙用之見，本智不離本體，故曰：「般若無見，能見涅槃。」《大般若經》云：「見無所見即真見，知無所知即真知。」涅槃者，佛性本體也，本體無生，而能生般若，體即是用，用不異體，故名「名異體同」。

隨義立名，故云法無定相。涅槃能生般若，即名真佛法身；般若能建涅槃，故號如來知見。

佛法本來無名，而名之曰「般若」、曰「涅槃」、曰「實相」、曰「法身」、曰「如來」，皆是隨義立名而已，故曰：「隨拈一法皆是佛法。」《金剛經》云：「須菩提言：『如我解佛所說義，無有定法名阿耨多羅三藐三菩提，亦無有定法如來可說。』」涅槃體上自有本智妙用，故名「真佛法身」；妙用不離本體，用而無用，見而無見，故名「如來知見」。

《壇經》六祖曰：「此經元來以因緣出世爲宗，縱說多種譬喻，亦無越於此。何者因緣？經云：『諸佛世尊，唯以一大事因緣，故出現於世。』一大事者，佛之知見也。世人外迷著相，内迷著空，若能於相離相，於空離空，即是内外不迷。若悟此法，一念心開，是爲開佛知見……開佛知見，即是出世；開衆生知見，即是世間。」

知即知心空寂，見即見性無生，知見分明，不一不異。

如來知見乃真知真見，能知空寂之心，謂之真知；能知無生之見，謂之真見。知見分明，故能入於不二法門。

故能動寂常妙，理事皆如，如即處處能通，達即理事無礙。

動是用，寂是體，體用不二，故動寂常妙；理事二障已除，故理事皆如。

如者，無障無礙之謂，故處處能通，入於不思議解脫法門。

六根不染，即定慧之功；六識不生，即如如之力。心如境謝，境滅心空；心境雙亡，體用不異。

見性之後，六根皆是佛性本體妙用，不受薰染，故名「正定」，又名「金剛慧」。

潙山上堂曰：「夫道人之心，質直無僞，無背無面，無詐妄心，一切時中，視聽尋常，更無委曲，亦不閉眼塞耳，但情不附物即得。從上諸聖，祇說濁邊過患，若無如許多惡覺情見想習之事，譬如秋水澄渟，清淨無爲，澹泞無礙，喚他作道人，亦名無事人。」

見性之後，六識轉爲四智，故曰「六識不生」，心能如如，則一切境自生自滅毫不相干，如雁過長空不留痕迹，故曰「境滅心空」。然此之謂滅不是斷滅，乃因一切境皆變爲佛性，皆是妙用，不可於境上分別心，不可於心上分別境，打成一片，故曰「心境雙亡」，心境既雙亡，則體用自然不異矣。

真如性淨，慧鑑無窮，如水分千月，能見聞覺知，見聞覺知而常空寂。

真如之性，常樂我淨，而能鑑照，隨緣緣感，應用無方，如一月印於千水，水異月同；如十燈照於一室，燈多光一。《華嚴經》云：「十方三世佛，同共一法身。」法身能見聞覺知，雖能見聞覺知，而性常空寂。

空即無相，寂即無生，不被善惡所拘，不被靜亂所攝，不厭生死，不樂涅槃，無不能無，有不能有。

佛性體空，無所不在，而無相可見，無青黃赤白，無遠近長短，故曰「空即無相」；真如性寂，本自不生，今則不滅，故曰「寂即無生」。無生之性，不受薰染，善惡罪福所不能拘，垢淨靜亂所不能攝，本自無生，故不厭死；本自無死，故不樂涅槃。自本體上觀之，涅槃生死皆是假名，皆無法於佛性中立足；自妙用上觀之，涅槃生死皆是妙用，皆不離佛性本體也。本體雖空，而有妙用，故曰「無不能無」；妙用雖無窮，而不離空寂之體，故曰「有不能有」。

行住坐臥，心不動搖，一切時中，獲無所得。

行住坐臥、一切時中皆是大定。趙州曰：「汝輩被十二時所轉，老僧能轉十二時。」無所得者，無所往而非佛性，所謂隨拈一法皆是佛性。

三世諸佛，教旨如斯，即菩薩慈悲，遞相傳受。自世尊滅後，西天二十八祖，

共傳無住之心，同說如來知見。至於達摩，屆此為初，遞代相承，於今不絕。

過去現在未來三世諸佛，宗旨如此，即菩薩慈悲，接引有情衆生，其宗旨亦如此。昔世尊於靈山會上拈花示衆，迦葉破顏微笑，世尊曰：「我有正法眼藏，涅槃妙心，實相無相，微妙法門，不立文字，教外別傳，直指人心，見性成佛。」自迦葉傳至達摩二十八代，祖祖相傳，皆傳此心。無住者，即《金剛經》所云「無所住而生其心」是也，達摩來中土為第一祖，傳受不絕。

所傳祕教，要藉得人，如王髻珠，終不妄與。福德智慧，二種莊嚴，行解相應，方能建立。

祕教者，唯證與證乃能知之，以心印心，無有別法，謂之祕教，非祕密傳授之

謂也。惠能問六祖曰：「上來密語密意外，還更有密意否？」祖曰：「與汝說者，即非密也；汝若返照，密在汝邊。」如王髻珠者，如鵝王頂上之珠，最爲珍護。譬如自性心珠，乃諸佛所護持，惟有已明心見性者方與印證，其餘未悟者，終不妄與印證也。

見性之人福慧具足，知見與佛無二無別，方能建立道場，弘揚宗旨。

〈證道歌〉云：「建法幢，立宗旨，明明佛敕曹溪是，第一迦葉首傳燈，二十八代西天記。法東流，入此土，菩提達摩爲初祖，六代傳衣天下聞，後人得道何窮數。」

衣為法信，法是衣宗，唯指衣法相傳，更無別法。

衣表信仰，法表心得，餘此之外，更無別法。

《壇經》五祖謂惠能曰：「昔達摩大師初來此土，人未知信，故傳此衣以爲信體，代代相承，法則以心傳心，皆令自悟自解。自古佛佛惟傳本體，師師密付本心，衣爲爭端，止汝勿傳。」

內傳心印，印契本心；外傳袈裟，將表宗旨。非衣不傳於法，非法不受於衣；衣是法信之衣，法是無生之法。

衣所以表位，法所以傳心，惟有契悟宗旨、與佛無二者，方能得衣。

心印者，印證明心見性之心。

無生即無虛妄，乃是空寂之心，知空寂而了法身，了法身而真解脫。

證無生法忍之後，一真皆真無有虛妄，真心空寂無所不徧，能達此境，便能明了法身真實境界，法身已了則三身皆俱，三身皆俱則四智亦足，三身四智圓滿無虧，便是真解脫。

荷澤大師神會傳

本來無佛無衆生
世界未曾見一人
究竟瞭解是這箇
自性還是自己生

荷澤大師神會傳

胡適

一、神會與慧能

神會，襄陽人，姓高氏（《圭傳》作姓萬，又作姓嵩，皆字之誤。各書皆作高）。《宋高僧傳》說他「年方幼學，厥性惇明。從師傳授五經，克通幽賾；次尋莊、老，靈府廓然；覽《後漢書》，知浮圖之說，由是於釋教留神，乃無仕進之意。辭親投本府國昌寺顥元法師下出家。其諷誦羣經，易同反掌，全大律儀，匪貪講貫。聞嶺表曹侯溪慧（惠）能禪師盛揚法道，學者駿奔，乃效善財南方參問。裂裳裹足，以千里爲跬步之間耳。……居曹溪數載，後徧尋名迹」。

《宋高僧傳》所據，似是碑版文字，其言最近情理。王維受神會之託，作慧能碑文，末段云：「弟子曰神會，遇師於晚景，聞道於中年。」

《圭傳》與《燈錄》都說神會初見慧能時年十四，則不得爲「中年」。慧能死（圓寂）於先天二年（西元七一三年），年七十六；《宋高僧傳》說神會死（圓寂）於上元元年

（西元七六〇年），年九十三歲。據此，慧能死時，神會年已四十六歲，正是所謂「遇師於晚景，聞道於中年」。《圭傳》說神會死於乾元元年（西元七五八年），年七十五，則慧能死時他衹有三十歲；《燈錄》說他死於上元元年（西元七六〇年），年七十五，則慧能死時他衹有二十八歲，都不能說是「中年」。以此推之，《宋高僧傳》似最可信，王維碑文作於神會生時，最可以爲證。

《圭傳》又說神會先事北宗神秀三年，神秀被召入京（在西元七〇〇年），他纔南遊，依曹溪慧能，其時年十四。宗密又於〈慧能略傳·下〉說：「有襄陽神會，年十四，往謁。因答『無住（本作表，依《燈錄》改）爲本，見即是主（主字本作性，依《燈錄》改）。』杖（本作校，《略鈔》作杖，隨解云，以杖試為正）試諸難，夜喚審問，兩心既契，師資道合。神會北遊，廣其聞見，於西京受戒。景龍年中（西元七〇七～七〇九年），卻歸曹溪。大師知其純熟，遂默授密語。緣達摩懸記，六代後命如懸絲，遂不將法衣出山。」（《圓覺大疏鈔》卷三下）

宗密在《禪門師資承襲圖》裏引《祖宗傳記》云：「年十四來謁和尚，和尚問：『知識遠來大艱辛，將本來否？』答：『將來。』『若有本，即合識主。』答：『神會以無住爲本，見即是主。』大師云：『遮沙彌爭敢取次語！』便以杖亂打。師於杖下思惟：『大善知識，歷劫難逢。今既得遇，豈惜身命？』」

《傳燈錄》全採此文，幾乎不改一字。宗密自言是根據於《祖宗傳記》，可見此種傳說起於宗密之前。宗密死於會昌五年（西元八四一年），已近九世紀中葉了。其時神會久已立爲第七祖，此項傳說之起來，當在八世紀下期至九世紀之間。《宋高僧傳》多採碑傳，便無此說，故知其起於神會死後，是碑記所不載的神話。

大概神會見慧能時已是中年的人，不久慧能便死了。《敦煌本壇經》說，先天二年，慧能將死，與衆僧告別，「法海等衆僧聞已，涕淚悲泣，唯有神會不動，亦不悲泣。六祖言：『神會小僧，卻得善等（《明藏本》作「善不善等」），毀譽不動，餘者不得。』」

最可注意的是慧能臨終時的預言——所謂「懸記」：「上座法海向前言：『大師，大師去後，衣法當付何人？』大師言：『法即付了，汝不須問。吾滅後二十餘年，邪法撩亂，惑我宗旨。有人出來，不惜身命，第佛教是非，豎立宗旨，即是吾正法。衣不合轉。』」

此一段今本皆無，僅見於《敦煌寫本壇經》，此是《壇經》最古之本，其書成於神會或神會一派之手筆，故此一段闇指神會在開元、天寶之間「不惜身命，第佛教是非、豎立宗旨」的一段故事。

更可注意的是明藏本的《壇經》(《縮刷藏經》本)也有一段慧能臨終的懸記，與此絕不相同，其文云：「又云：『吾去七十年，有二菩薩從東方來，一出家，一在家，同時興化，建立吾宗，締緝伽藍，昌隆法嗣。』」

這三十七箇字，後來諸本也都没有。《明藏本壇經》的原本出於契嵩的改本。契嵩自稱是著《曹溪古本》，其實他的底本有兩種：一是《古本壇經》，與敦煌本相同；一是《曹溪大師別傳》，有日本傳本。依我的考證，《曹溪大師別傳》作於建中二年(西元七八一年)，正當慧能死後六十八年，故作者捏造這段懸記。契嵩當十一世紀中葉，已不明瞭神會當日「豎立宗旨」的故事了，故改用了這一段七十年後的懸記(參看拙作〈跋曹溪大師別傳〉)。

二十餘年後建立宗旨的預言是神會一派造出來的，此說有宗密爲證。宗密在《禪門師資承襲圖》裏說：「傳末又云：『和尚(慧能)將入涅槃，默授密語於神會。語云：從上已來，相承准的，祇付一人。內傳法印，以印自心；外傳袈裟，標定宗旨。然我爲此衣，幾失身命。達摩大師懸記云：至六代之後，命如懸絲。即汝是也。是以此衣宜留鎮山。汝機緣在北，即須過嶺。二十年外，當弘此法，廣度衆生。』」這是一證。宗密又引此傳云：「和尚臨終，門人行瑫、超俗、法海等問：『和尚法何所付？』和尚云：『所付囑者，二十年外，於北地弘揚。』又問誰人？答云：『若欲知者，大庾嶺上，以綱取之。』」（原注：相傳云：「嶺上者，高也。荷澤姓高，故密示耳）這是二證。

凡此皆可證《壇經》是出於神會或神會一派的手筆。《敦煌寫本壇經》留此一段二十年懸記，使我們因此可以考知《壇經》的來歷，真是中國佛教史的絕重要史料。關於《壇經》問題，後文有詳論。

二、滑臺大雲寺定宗旨

《宋高僧傳》說神會：「居曹溪數載，後偏尋名迹。開元八年（西元七二〇年），敕配住南陽龍興寺。續於洛陽大行禪法，聲彩發揮。」

開元八年，神會已五十三歲，始住南陽龍興寺。《神會語錄》第一卷中記南陽太守王弼（弼？）及內鄉縣令張萬頃問法的事，又記神會「問人□債」到南陽，見侍御史王維，王維稱「南陽郡有好大德，有佛法甚不可思議」，這都可見神會曾在南陽，因爲他久住南陽，故有債可討。

《圭傳》說：「又因南陽答王趙公三車義，名漸聞於名賢。」王趙公即王琚，是玄宗爲太子時同謀除太平公主一黨的大功臣，封趙國公。開元、天寶之間，他做過十五州的刺史、兩郡的太守。十五州之中有鄧州，他見神會當是他做鄧州刺史的時代，約在開元晚年（他死在天寶五年）。「三車問答」全文見《神會語錄》第一卷。

據〈南宗定是非論〉（《神會語錄》第二卷），神會於開元二十二年（西元七三四年）正月十五日在滑臺大雲寺設無遮大會，建立南宗宗旨，並且攻擊當日最有勢力的神秀門下普寂大師，這正是慧能死後的二十一年。《圭傳》說：「能大師滅後二十年中，曹溪頓旨沈廢於荊、吳，嵩嶽漸門熾盛於秦、洛。普寂禪師，秀弟子也，謬稱七祖，二京法主，三帝門師，朝臣歸崇，敕使監衞。雄雄若是，誰敢當衝？嶺南宗途，甘從毀滅。」

此時確是神秀一派最得意之時。神秀死於神龍二年（西元七〇六年），張說作〈大通禪師碑〉，稱爲「兩京法主，三帝國師」（三帝謂則天帝、中宗、睿宗）。神秀死後，他的兩箇大弟子普寂和義福，繼續受朝廷和民衆的熱烈的尊崇。義福死於開元二十四年，謚爲大智禪師；普寂死於二十七年，謚爲大照禪師。神秀死後，中宗爲他在嵩山嶽寺起塔，此寺遂成爲此宗的大本營，故宗密說：「嵩嶽漸門熾盛於秦、洛。」

張說作神秀的碑，始詳述此宗的傳法世系如下：「自菩提達摩天竺東來，以法傳慧可，慧可傳僧璨，僧璨傳道信，道信傳弘忍，繼明重跡，相承五光。」（《全唐文》，二三一）

這是第一次記載此宗的傳法世系。李邕作「嵩嶽寺碑」，也說：「達摩菩薩傳法於可，可付於璨，璨受於信，信恣於忍，忍遺於秀，秀鍾於今和尚寂。」（《全唐文》，二六三）這就是宗密所記普寂「謬稱七祖」的事。《神會語錄》（第三卷）也說：「今普寂禪師自稱第七代，妄豎和尚（神秀）爲第六代。」

李邕作〈大照禪師碑〉，也說普寂臨終時「誨門人曰：『吾受託先師，傳茲密印。遠自達摩菩薩導於可，可進於璨，璨鍾於信，信傳於忍，忍授於大通，大通貽於吾，今七葉矣。』」（《全唐文》，二六二）

嚴挺之作「義福的碑」，也有同樣的世系：「禪師法輪始自天竺達摩，大教東派三百餘年，獨稱東山學門也。自可、璨、信、忍，至大通，遞相印屬。大通之傳付者，河東普寂與禪師二人，即東山繼德七代於茲矣。」（《全唐文》，二八〇）

這箇世系本身是否可信，那是另一問題，我在此且不討論。當時神秀一門三國師，他們的權威遂使這世系成爲無人敢疑的法統。這時候，當普寂和義福生存的時候，忽然有一箇和尚出來指斥這法統是僞造的，指斥弘忍不曾傳法給神秀，指出達摩一宗的正統法嗣是慧能而不是神秀，指出北方的漸門是旁支，而南方的頓教是真傳。這箇和尚便是神會。

《圭傳》又說：「法信衣服，數被潛謀。傳授碑文，兩遇磨換。」《圭圖》也說：「能和尚滅度後，北宗漸教大行，因成頓門弘傳之障。曹溪傳授碑文，已被磨換。故二十年中，宗教沈隱。」磨換碑文之說，大概全是捏造的話。慧能死後未有碑誌，有二證：王維受神會之託作慧能的碑文，其文尚存（《全唐文》，三二六），文中不提及舊有碑文，更沒有磨換的話，此是一證；《圭傳》又說：「據碑文中所敘，荷澤親承付屬。」據此則所謂「曹溪傳授碑文」已記有神會傳法之事，然則慧能臨終時又何必隱瞞不說，而僅說二十年外的懸記呢？此是二證。《歷代法寶記》（《大正大藏經》，五十一卷，頁一八二）也說慧能死後，「太常寺丞韋據造碑文，至開元七年，被人磨改，別造碑文。近代報修，令郎宋鼎撰碑文」。這也是虛造故實，全不可信。

今據巴黎所藏敦煌寫本之〈南宗定是非論〉及《神會語錄》第三殘卷所記，滑臺大雲寺定南宗宗旨的事，大致如下：

唐開元二十二年正月十五日，神會在滑臺大雲寺演說「菩提達摩南宗」的歷史，他大膽地提出一箇修改的傳法世系，說：「達摩……傳一領袈裟以爲法信，授與惠（慧）可，惠可傳僧璨，璨傳道信，道信傳弘忍，弘忍傳惠能，六代相承，連綿不絕。」他說：「神會今設無遮大會兼莊嚴道場，不爲功德，爲天下學道者定宗旨，爲天下學道者辨是非。」他說：「秀禪師在日，指第六代傳法袈裟在韶州，口不自稱爲第六代。今普寂禪師自稱第七代，妄豎和尚爲第六代，所以不許。」他又說：「久視年中，則天召（詔）秀和尚入內，臨發之時，秀和尚對諸道俗說：『韶州有大善知識，元是東山忍大師付屬，佛法盡在彼處。』」

這都是很大膽的挑戰。其時慧能與神秀都久已死了，死人無可對證，故神會之說無人可否證。但他又更進一步說傳法袈裟在慧能處，普寂的同學廣濟曾於景龍三年十一月到韶州去偷此法衣。此時普寂尚生存，但此等事也無人可以否證，祇好聽神會自由捏造了。

當時座下有崇遠法師，人稱爲「山東遠」，起來質問道：「普寂禪師名字蓋國，天下知聞，衆口共傳，不可思議。如此相非斥，豈不與身命有讎？」神會侃侃地答道：「我自料簡是非，定其宗旨。我今謂弘揚大乘，建立正法，令一切衆生知聞，豈惜身命？」這種氣概、這種搏獅子的手段，都可以震動一時人的心魄，故滑臺定宗旨的大會確有「先聲奪人」的大勝利。先聲奪人者，祇是先取攻勢，叫人不得不取守勢。神會此時已是六十七歲的老師，我們想像一個眉髮皓然的老和尚，在這莊嚴道場上，登師子座大聲疾呼，攻擊當時「勢力連天」的普寂大師，直指神秀門下「師承是傍，法門是漸」（宗密《承襲圖》中語），這種大膽的挑戰當然能使滿座的人震驚生信。即使有少數懷疑的人，他們對於神秀一門的正統地位的信心也遂不能不動搖了。所以滑臺之會是北宗消滅的先聲，也是中國佛教史上的一大革命。《主傳》說他「龍鱗虎尾，殉命忘軀」，神會這一回真可說是「批龍鱗，履虎尾」的南宗急先鋒了。

三、菩提達摩以前的傳法世系

在滑臺會上，崇遠法師問：「唐國菩提達摩既稱其始，菩提達摩西國復承誰後？又經幾代？」（《語錄》第三卷）這一問可糟了！自神秀以來，祇有達摩以下的世系，卻沒有提起達摩以前的世系問題。神會此時提出一箇極大膽而又大謬誤的答案，他說：「菩提達摩爲第八代。……自如來付西國與唐國，總經有一十三代。」

這八代是：

如來

㈠、迦葉

㈡、阿難

㈢、末田地

㈣、舍那婆斯

㈤、優婆崛

㈥、須婆蜜（當是「婆須蜜」之誤）

㈦、僧伽羅叉

㈧、菩提達摩

崇遠又問：「據何得知菩提達摩西國為第八代？」神會答道：「據〈禪經序〉中，具明西國代數。又惠可禪師親於嵩山少林寺問菩提達摩，答一如〈禪經序〉中說。」在這一段話裏，神會未免大露出馬腳來了！《禪經》即是東晉佛陀跋陀羅在廬山譯出的達摩多羅與佛大先二人的《修行方便論》，俗稱為《禪經》。其首段有云：「佛滅度後，尊者大迦葉、尊者阿難、尊者末田地、尊者舍那婆斯、尊者優婆崛、尊者婆須蜜、尊者僧伽羅叉、尊者達摩多羅，乃至尊者不若蜜多羅，諸持法者，以此慧燈，次第傳授。我今如其所聞而說是義。」

神會不懂梵文，又不考歷史，直把達摩多羅（Dharmatrata）認作了菩提達摩（Bodhidharma）。達摩多羅生在「晉中興之世」（見《出三藏記．十》，焦鏡法師之〈後出雜阿毗曇心序〉），《禪經》在晉義熙時已譯出，其人遠在菩提達摩之先。神會這箇錯誤是最不可恕的，他怕人懷疑，故又造出惠可親問菩提達摩的神話，前者還可說是錯誤，後者竟是有心作僞了。但當日的和尚，尤其是禪宗的和尚，大都是不通梵文又不知歷史的人。當時沒有印板書，書籍的傳播很難，故考證校勘之學無從發生。所以神會認達摩多羅和菩提達摩爲一箇人，不但當時無人斥駁，歷千餘年之久也無人懷疑。敦煌寫本中往往有寫作「菩提達摩多羅」的！

但自如來到達摩，一千餘年之中，豈止八代？故神會的八代說不久便有修正的必要了。北宗不承認此說，於是有東都淨覺的七代說，祇認譯出《楞伽經》的求那跋陀羅爲第一祖，菩提達摩爲第二祖（敦煌寫本《楞伽師資記》，倫敦與巴黎各有一本）。多數北宗和尚似固守六代說，不問達摩以上的世系，如杜朏之《傳法寶記》（敦煌寫本，巴黎有残卷），雖引〈禪經序〉，而仍以達摩爲初祖。南宗則紛紛造達摩以上的世系，以爲本完光寵，大率多引據《付法藏傳》，有二十三世說、有二十四世說、有二十五世說、又有二十八、九世說。唐人所作碑傳中，各說皆有，不可勝舉。又有依據僧祐《出三藏記》中之薩婆多部世系而立五十一世說的，如馬祖門下的惟寬即以達摩爲五十一世，慧能爲五十六世（見白居易〈傳法堂碑〉）。但八代太少，五十一世又太多，故後來漸漸歸到二十八代說。二十八代說是用《付法藏傳》爲根據，以師子比丘爲第二十三代；師子以下，又僞造四代，而達摩爲第二十八代。此僞造的四代，紛爭最多，久無定論。宗密所記，及日本所傳，如下表：

(23)師子比丘
(24)舍那婆斯
(25)優婆崛
(26)婆須蜜
(27)僧伽羅叉
(28)達摩多羅

直到北宋契嵩始明白此說太可笑，故升婆須蜜爲第七代，師子改爲第二十四代，而另僞造三代如下：

(25)婆舍斯多

(26)不如密多
(27)般若多羅
(28)菩提達摩

今本之《景德傳燈錄》之二十八祖，乃是依契嵩此說追改的，不是《景德》原本了。

二十八代之說，大概也是神會所倡，起於神會的晚年，用來替代他在滑臺所倡的八代說。我所以信此說也倡於神會，有兩層證據：第一、敦煌寫本的《六祖壇經》出於神會一系，上文我已說過了。其中末段已有四十世說，前有七佛，如來爲第七代，師子爲第三十代，達摩爲第三十五代，慧能爲四十代。自如來到達摩共二十九代，除去旁出的末田地，便是二十八代。這一箇證據使我相信此說出於神會一系之手。但何以知此說起於神會晚年呢？第二、李華作天臺宗〈左溪大師碑〉（《全唐文》，三二〇），已說：「佛以心法付大迦葉，此後相承，凡二十九世。至梁、魏間，有菩薩僧菩提達摩禪師傳《楞伽》法。」左溪即是元朗，死於天寶十三載（西元七五四年），其時神會尚未死，故我推想此說記於神會晚年，也許即是他自己後來改定之說。但〈南宗定是非論〉作於開元二十年，外間已有流傳，無法改正了，故敦煌石室裏還保存此最古之八代說，使我們可以窺見此說演變的歷史。

二十八代說的前二十三代的依據是《付法藏傳》。《付法藏傳》即是《付法藏因緣傳》（《縮刷藏經》．藏九），號稱「元魏西域三藏吉迦夜共曇曜譯」。此書的真僞，現在已不容易考了，但天臺智顗在隋開皇十四年（西元五九四年）講《摩訶止觀》已用此傳。歷敍付法藏人，自迦葉至師子共二十三人，加上末田地則爲二十四人。天臺一宗出於南嶽慧思，慧思出於北齊慧文，慧文多用龍樹的諸論，故智顗說他直接龍樹「付法藏中第十三師」。南嶽一宗本有「九師相承」之說，見於唐湛然的《止觀輔行傳弘決》卷第一，但智顗要尊大其宗門，故掃除此說，而採用《付法藏傳》，以慧文直接龍樹，認「龍樹是高祖師」，這是天臺宗自造法統的歷史。後來神秀一門之六代法統，和南宗的八代說與二十八代等說，似是抄襲智顗定天臺法統的故智。《付法藏傳》早經天臺宗採用了，故南宗也就老實採用此書做他們的根據了。

《宋高僧傳》在〈慧能傳〉中說：「弟子神會，若顏子之於孔門也。勤勤付囑，語在會傳（按會傳無付囑事）。會於洛陽荷澤寺崇樹能之真堂，兵部侍郎宋鼎爲碑焉。會序宗脈，從如來下西域諸祖外，震旦凡六祖，盡圖繢其影，太尉房琯作〈六葉圖序〉。」神會在洛陽所序「西域諸祖」，不知是八代，還是二十八代？大概已是二十八代了。

四、頓悟的教義

神會在滑臺、洛陽兩處定南宗宗旨，豎立革命的戰略，他作戰的武器祇有兩件：一是攻擊北宗的法統，同時建立南宗的法統；一是攻擊北宗的漸修方法，同時建立頓悟法門。上兩章已略述神會爭法統的方法了，本章要略述神會的頓悟教旨。

宗密在《圓覺大疏鈔》卷三下、《禪門師資承襲圖》及〈禪源諸詮集都序〉裏，都曾敘述神會的教旨，我們先看他怎麼說。宗密在《大疏鈔》裏說荷澤一宗的教義是：「謂萬法既空，心體本寂，寂即法身。即寂而知，知即真智，亦名菩提涅槃。……此是一切衆生本源清淨心也，是自然本有之法。言無念爲宗者，既悟此法本寂本知，理須稱本用心，不可遂起妄念，但無妄念，即是修行。故此一門宗於無念。」

在《承襲圖》與〈禪源序〉裏，宗密述荷澤一宗的教義，文字略相同。今取〈禪源序〉爲主，述神會的宗旨如下：「諸法如夢，諸聖同說。故妄念本寂，塵境本空，空寂之心，靈知不昧，即此空寂之知是汝真性。任迷任悟，心本自知，不藉緣生，不因境起，知之一字，衆妙之門。由無始迷之，故妄執身心爲我，起貪瞋等念，若得善友開示，頓悟空寂之知，知且無念無形，誰爲我相、人相?覺諸相空，心自無念。念起即覺，覺之即無。修行妙門，唯在此也。故雖備修萬行，唯以無念爲宗，但得無念知見，則愛惡自然澹泊，悲智自然增明，罪業自然斷除，功行自然增進。既了諸相非相，自然無修之修，煩惱盡時，生死即絕，生滅滅已，寂照現前，應用無窮，名之爲佛。」

宗密死在會昌元年（西元八四一年），離神會的時代不遠，他又自認爲神會第四代法嗣，故他的敍述似乎可以相信。但我們終覺得宗密所敍似乎不能表現神會的革命精神，不能叫我們明白他在歷史上佔的地位。我們幸有敦煌寫本的《神會語錄》三卷，其中所記是神會的問答辯論，可以使我們明白神會在當日爭論最猛烈、主張最堅決的是些甚麼問題。這些問題舉其要點，約有五項：

一、神會的教義的主要點是頓悟。頓悟之說起源甚早，最初倡此說的大師是慧遠的大弟子道生，即是世俗所稱爲「生公」的。道生生當晉、宋之間，死於元嘉十一年（西元四三四年）。他是「頓宗」的開山祖師，即是慧能、神會的遠祖。慧皎《高僧傳》說：

「生既潛思日久，徹悟言外，乃喟然歎曰：『夫象以盡意，得意則象忘；言以詮理，入理則言息。自經典東流，譯人重阻，多守滯文，鮮見圓義。若忘筌取魚，始與可言道矣。』於是校練空有（此三字從僧祐原文，見《出三藏記．十五》），研思因果，乃言『善不受報』、『頓悟成佛』。又著〈二諦論〉、〈佛性當有論〉、〈法身無色論〉、〈佛無淨土論〉、〈應有緣論〉等，籠罩舊說，妙有淵旨。而守文之徒多生嫌嫉，與奪之聲紛然競起。又六卷《泥洹》（《涅槃經》）先至京都，生剖析經理，洞入幽微，乃說『一闡提人皆得成佛』（一闡提人，梵文 Ichantika，是不信佛法之人）。於時《大涅槃經》未至此土，孤明先發，獨見忤眾，於是舊學僧黨以爲背經邪說，譏忿滋甚，遂顯於大眾，擯而遣之。生於四眾之中正容誓曰：『若我所說反於經義者，請於現身即表厲疾；若與實相不相違背者，願捨壽之時據師子座。』言竟，拂衣而逝。……以元嘉七年投跡廬嶽，銷影巖阿，怡然自得。俄而《大涅槃經》至於京都，果稱闡提皆有佛性，與前所說，若合符契。生既獲斯經，尋即建講。以宋元嘉十一年冬十月庚子，於廬山精舍陞於法座，……法席將畢，……端坐正容，隱几而卒。……於是京邑諸僧內慚自疚，追而信服。」（卷七。此傳原文出於僧祐所作〈道生傳〉，故用《出三藏記．十五》所收原傳校改）

這是中國思想對於印度思想的革命的第一大炮，革命的武器是「頓悟」，革命的對象是那積功積德、調息安心等等繁瑣的「漸修」功夫。生公的「頓悟論」可以說是「中國禪」的基石，他的「善不受報」便是要打倒那買賣式的功德說，他的〈佛無淨土論〉便是要推翻他的老師（慧遠）提倡的淨土教，他的「一闡提人皆得成佛」便是一種極端的頓悟論。我們生在千五百年後，在頓宗盛行之後，聽慣了「放下屠刀立地成佛」的話頭，所以不能瞭解爲甚麼在當日道生的「頓悟論」要受舊學僧黨的攻擊擯逐。須知頓漸之爭是一切宗教的生死關頭，頓悟之說一出，則一切儀式禮拜、懺悔、念經、念佛、寺觀佛像、僧侶戒律都成了可廢之物了。故馬丁路得提出一箇自己的良知，羅馬天主教便坍塌了半箇歐洲。故道生的「頓悟論」出世，便種下了後來頓宗統一中國佛教的種子了。

慧皎又說：「時人以生推闡提得佛，此語有據，『頓悟』、『不受報』等，時亦憲章。宋太祖嘗述生頓悟義，沙門僧弼等皆設巨難。帝曰：『若使逝者可興，豈爲諸君所屈？』後龍光（虎邱龍光寺）又有沙門寶林……祖述生公諸義。……林弟子法寶……亦祖述生義。」此外，祖述頓悟之說的，還有曇斌、道猷、法瑗等，皆見於《高僧傳》（卷八）。〈道猷傳〉中說：「宋文帝（太祖）簡問慧觀：『頓悟之義，誰復習之？』答云：『生弟子道猷。』即敕臨川郡發遣出京。既至，既延入宮內，大集義僧，命猷伸述頓悟。時競辯之徒，關責互起。猷既積思參玄，又宗源有本，乘機挫銳，往必摧鋒，帝乃撫几稱快。」道生與道猷提倡頓悟，南京皇宮中的頓漸之辯論，皆在五世紀的前半，中間隔了三百年，纔有神會在滑臺、洛陽大倡頓悟之說。

頓悟之說在五世紀中葉曾引起帝王的提倡，何以三百年間漸修之說又佔了大勝利呢？此中原因甚多，最重要的一箇原因是天臺禪法的大行。天臺一宗注重「止觀」雙修，便是漸教的一種。又有「判教」之說，造成一種煩瑣的學風。智顗本是大學者，他的學問震動一世，又有陳、隋諸帝的提倡，故天臺的煩瑣學風遂風靡了全國。解釋「止觀」二字，搖筆便是十萬字！

智者大師的權威還不曾衰歇，而七世紀中又出了一箇更偉大的煩瑣哲學的大師——玄奘。玄奘不滿意於中國僧徒的閉門虛造，故捨命留學印度十多年，要想在佛教的發源地去尋出佛教的真意義。不料他到印度的時候，正是印度佛教的煩瑣哲學最盛的時候，這時候的新煩瑣哲學便是「唯識」的心理學和「因明」的論理學，心理的分析可分到六百六十法，說來頭頭是道，又有因明學作護身符，和種種無意義的陀羅尼作引誘，於是這種印度煩瑣哲學便成了世界思想史上最細密的一大系統。偉大的玄奘投入了這箇大蛛網裏逃不出來，便成了唯識宗的信徒與傳教士，於是七世紀的中國便成了印度煩瑣哲學的大殖民地了。

菩提達摩來自南印度，本帶有一種刷新的精神，故達摩對於中國所譯經典，祇承認一部《楞伽經》。楞伽即是錫蘭島，他所代表的便是印度的「南宗」。達摩一宗後來便叫做「楞伽宗」，又叫做「南天竺一乘宗」（見道宣《續高僧傳》卷三十五〈法沖傳〉，我另有〈楞伽宗考〉），他們注重苦行苦修，看輕一切文字魔障，雖然還不放棄印度的禪行，已可以說是印度佛教中最簡易的一箇宗派了。革命的中國南宗出於達摩一派，也不是完全沒有理由的。

但在那煩瑣學風之下，楞伽宗也漸漸走到那講說註疏的路上去了。道宣《續高僧傳》（三十五）所記楞伽宗二十八人之中，十二人便都著有《楞伽經》的疏抄，至七十餘卷之多。神秀住的荊州玉泉寺便是智者大師手創的大寺，正是天臺宗的一箇重鎮。故神秀一派雖然仍自稱「楞伽宗」（敦煌本的《淨覺楞伽師資記》可證），這時候的楞伽宗已不是菩提達摩和慧可時代那樣簡易的苦行學派了。神秀的〈五方便論〉（有敦煌本）便是一種煩瑣哲學（參看宗密《圓覺大疏鈔》卷三下所引〈五方便論〉），簡易的「壁觀」成了煩瑣哲學，苦行的教義成了講說疏抄（古人所謂「抄」乃是疏之疏，如宗密的大疏之外又有「疏抄」，更煩瑣了），隱遯的頭陀成了「兩京法主，三帝門師」，便是革命的時機到了。

那不識字的盧行者（慧能）便是楞伽宗的革命者，神會便是他的北伐急先鋒，他們的革命旗幟便是「頓悟」。神會說：「世間有不思議，出世間亦有不思議。世間不思議者，若有布衣之頓登九五，即是世間不思議；出世間不思議者，十信初發心，一念相應便成正覺，於理相應，有何可怪？此明頓悟不思議。」（第一卷，下同）

他的語錄中屢說此義。如云：「如周太公、傅說皆竿釣板築，（簡）在帝心，起自疋夫，位頓登臺輔，豈不是世間不思議事？出世不思議者，衆生心中具貪愛無明宛然者，遇真善知識，一念相應便成正覺，豈不是出世間不思議事？」他又說：「衆生見性成佛道，又龍女須臾發菩提心便成正覺。又欲令衆生入佛知見，不許頓悟，如來即合徧說五乘，今既不言五乘，唯言入佛知見，約斯經義，祇顯頓門，唯存一念相應，實更非由階漸。相應義者，謂見無念者，謂了自性者，謂無所得，以無所得，即如來禪。」他又說：「發心有頓漸，迷悟有遲疾。迷即累劫，悟即須臾。……譬如一綟之絲，其數無量，若合爲繩，置於木上，利劍一斬，一時俱斷，絲數雖多，不勝一劍。發菩薩心人，亦復如是，若遇真正善知識，以□（巧）（鈴木本）方便直示真如，用金剛慧斷諸位地煩惱，豁然曉悟，自見法性本來空寂，慧利明了，通達無礙。證此之時，萬緣俱絕，恆沙妄念一時頓盡，無邊功德應時等備。」

這便是神會的「頓悟說」的大意，「頓悟說」是他的基本主張，他的思想都可以說是從這一點上引申出來的。下支所述四項，其實仍衹是他的「頓悟說」的餘義。

二、他的「定慧等」說。他答哲法師說：「念不起，空無所有，名正定；能見念不起、空無所有，名爲正慧。即定之時是慧體，即慧之時是定用；即定之時不異慧，即慧之時不異定；即定之時即是慧，即慧之時即是定。」這叫做「定慧等」。故他反對北宗大師的辦法。他說：「經云：『若學諸三昧，是動非坐禪。心隨境界流，云何名爲定？』若指此定爲是者，維摩詰即不應訶舍利弗宴坐。」

他又很懇摯地說：

「諸學道者，心無青黃赤白，亦無出入去來及遠近前後，亦無作意，亦無不作意，如是者謂之相應也；若有出定入定及一切境界，非論善惡，皆不離妄心，有所得並是有爲，全不相應。」「若有坐著，『凝心入定，住心看淨，起心外照，攝心內證』者，此障菩提，未與菩提相應，何由可得解脫？」此條所引「凝心入定」十六字據《語錄》第三殘卷所記，是北宗普寂與降魔藏二大師的教義。神會力闢此說，根本否認坐禪之法：「不在坐裏！若以坐爲是，舍利弗宴坐林間，不應被維摩詰訶。」

神會自己的主張是「無念」。他說：「決心證者，臨三軍際，白刃相向下，風刀解身日，見無念，堅如金剛，毫微不動。縱見恆沙佛來，亦無一念喜心；縱見恆沙衆生一時俱滅，亦不起一念悲心。此是大丈夫，得空平等心。」這是神會的無念禪。

三、怎麼是無念呢？神會說：「不作息即是無念。……一切衆生心本無相，所言相者，並是妄心。何者是妄？所作意住心，取空取淨，乃至起心求證菩提涅槃，並屬虛妄。但莫作意，心自無物，即無物心，自性空寂，空寂體上自有本智，謂知以爲照用。故《般若經》云：『應無所住而生其心。』應無所住，本寂之體；而生其心，本寂之用。但莫作意，自當悟入。」（此是很革命的思想）

無念衹是莫作意，調息住心便是作意；看空看淨，以至於四禪定、四無色定境界都是作意。所以他說：「乃至起心求證菩提涅槃，並屬虛妄。」後來的禪宗大師見人說「出三界」，便打你一頓棒，問你出了三界要往何處去？起心作意成佛出三界都是愚癡妄見，所以此宗說「無念爲本」。

四、神會雖說無念，然宗密屢說荷澤主張「知之一字，衆妙之門」，可見此宗最重知見解脫。當日南北二宗之爭，根本之點祇是北宗重行，而南宗重知；北宗重在由定發慧，而南宗則重在以慧攝定。故慧能、神會雖口說定慧合一，其實他們祇認得慧，不認得定，此是中國思想史上的絕大解放。禪學本已掃除了一切文字障和儀式障，然而還有箇禪定在，直到南宗出來，連禪定也一掃而空，那纔是徹底的解放了。

神會說：「未得修行，但得知解。以知解久薰習故，一切攀緣妄想、所有重者，自漸輕微。神會見經文所說，光明王、……帝釋梵王等，具五欲樂甚於今日百千萬億諸王等，於般若波羅蜜唯則學解，將解心呈問佛，佛即領受印可。得佛印可即可捨五欲樂心，便證正位地菩薩。」這是完全側重知解的方法。一箇正知解得佛印可後，便證正位地菩薩。後來禪者爲一箇知見終身行腳，到處尋求大善知識，一朝大徹大悟，還須請求大師印可，此中方法便是從這裏出來的。

五、中國古來的自然哲學、所謂道家，頗影響禪學的思想。南宗之禪，並禪亦不立，知解方面則說頓悟，實行方面則重自然，宗密所謂「無修之修」即是一種自然主義。神會此卷中屢說自然之義。如他答馬擇問云：「僧立因緣，不立自然者，僧之愚過；道士唯立自然，不立因緣者，道士之愚過。」「僧家自然者，衆生本性也。又經云：『衆生有自然智、無師智，謂之自然。』道士因緣者，道能生一，一能生二，二能生三，從三生萬物，因道而生，若其無道，萬物不生。今言萬物者，並屬因緣。」

這是很明白的承認道家所謂自然和佛家所謂因緣同是一理。至於承認自然智、無師智爲自然，這更是指出頓悟的根據在於自然主義，因爲有自然智，故有無修而頓悟的可能。所以神會對王維說：「衆生若有修，即是妄心，不可得解脫。」這是純粹的自然主義了。

《語錄》第一卷首幅有一段論自然，也很可注意。神會說：「無明亦自然。」問：「無明若爲自然？」神會答道：「無明與佛性俱是自然而生。無明依佛性，佛性依無明，兩相依，有則一時有，覺了者即佛性，不覺了即無明。」問：「若無明自然者，莫不同於外道自然耶？」神會答道：「道家自然同，見解有別。」

神會指出的差別其實很少，可以不論。所可注意者，神會屢說不假修習、剎那成道，都是自然主義的無爲哲學。如說：「修習即是有爲諸法。」如說：「生滅本無，何假修習？」又如說：「三事不生，是即解脫。心不生即無念，智不生即無知，慧不生即無見。通達此理者，是即解脫。」又如說：「大乘定者，不用心，不看靜，不觀空，不住心，不澄心，不遠看，不近看，無十方，不降伏，無怖畏，無分別，不沈空，不住寂，一切妄相不生，是大乘禪定。」

凡此諸說，皆衹是自然、衹是無爲。所謂無念、所謂不作意，也衹是自然無爲而已。後來馬祖教人「不斷不造，任運自在，任心即爲修」，更後來德山、臨濟都教人無爲無事，做箇自然的人，這都是所謂「無念」、所謂「莫作意」、所謂「自然」、所謂「無修之修」。

總之，神會的教義在當日衹是一種革命的武器，用頓悟來打倒漸修，用無念來打倒一切住心入定、求佛作聖等等妄念，用智慧來解除種種無明的束縛。在那箇漸教大行、煩瑣學風瀰漫全國的時代，這種革命的思想自然有絕大的解放作用。但事過境遷之後，革命已成功了，「頓悟」之說已成了時髦的口號了，漸修的禪法和煩瑣的學風都失了權威了，在這時候後人回頭看看當日革命大將慧能、神會的言論思想，反覺得他們的議論平淡尋常，沒有多少東西可以滿足我們的希冀，這種心理我們可以在宗密的著作裏看出。

宗密自稱是荷澤法嗣，但他對於神會的教義往往感覺一種吶吶說不出的的不滿足。他在《師資承襲圖》裏已說：「荷澤宗者，尤難言述。」所以尤難言述者，頓悟與無念在九世紀已成了風尚，已失了當日的鋒芒與光彩，故說來已不能新鮮有味了；若另尋積極的思想，則又尋不出甚麼，所以「尤難言述」了。宗密在《大疏鈔》裏，態度更明白了，他說頓悟是不夠的，頓悟之後仍須漸修，這便是革命之後的調和論了。宗密說：「寂知之性，舉體隨緣，作種種門，方爲真見。寂知如鏡之淨明，諸緣如能現影像，荷澤深意本來如此，但爲當時漸教大興，頓宗沈廢，務在對治之說，故唯宗無念，不立諸緣。如對未識鏡體之人，唯云淨明是鏡，不言青黃是鏡。今於第七家（即荷澤一宗）亦有揀者，但揀後人局見，非揀宗師。……於七宗中，若統圓融爲一，則七皆是；若執各一宗，不通餘宗者，則七皆非。」

這是很不滿意於神會的話，其時革命的時期已過去七、八十年了，南宗革命的真意義已漸漸忘了，故宗密回到調和的路上，主張調和七宗，圓融爲一。他的調和論調使他不惜曲解神會的主張，遂以爲「荷澤深意」不但要一箇寂知，還須「作種種門」，他說：「寂知如鏡之淨明，諸緣如能現影像，荷澤深意本來如此。」但《神會語錄》卻有明文否認此種曲解，神會明明說：『明鏡高臺能照，萬像悉現其中。』古德相傳，共稱爲妙。今此門中未許此爲妙，何以故？明鏡能照萬像，萬像

不見其中，此將爲妙。何以故？如來以無分別智，能分別一切，豈將有分別心即分別一切？」（第一卷）

即此一條，便可證宗密在神會死後七、八十年中已不能明白荷澤一宗的意旨了。神會的使命是革命的、破壞的、消極的，而七、八十年後的宗密卻要向他身上去尋求建設的意旨，怪不得他要失望了。南宗革命的大功勞在於解放思想，解放便是絕大的建設。由大乘佛教而至於禪學，已是一大肅清、一大解放，但還有箇禪在，慧能、神會出來，以頓悟開宗，以無念爲本，並禪亦不立，這纔是大解放。宗密諸人不知這種解放的本身便是積極的貢獻，卻去胡亂尋求別種「荷澤深意」，所以大錯了。

荷澤門下甚少傳人，雖有博學能文的宗密，終不成革命真種子。南宗的革命事業，後來祇靠馬祖與石頭兩支荷擔，到德山、臨濟而極盛。德山、臨濟都無一法與人，祇教人莫向外求，祇教人無事體休歇去，這纔是神會當日革命的「深意」，不是宗密一流學究和尚所能瞭解的。

五、貶逐與勝利

神會於開元八年住南陽，二十年在滑臺定宗旨。我們看獨孤沛在〈南宗定是非論序〉裏對於神會的崇敬，便可知滑臺大會之後神會的名望必定很大。《圭傳》說：「天寶四載（西元七四五年），兵部侍郎宋鼎請入東都。然正道易申，謬理難固，於是曹溪了義大播於洛陽，荷澤頓門派流於天下。」《傳燈錄》說：「天寶四年，方定兩宗。」

定兩宗不始於此年，但神會在東京也很活動。《宋高僧傳》說：「續於洛陽大行禪法，聲彩發揮。先是，兩京之間皆宗神秀，若不淰之魚鮪附沼龍也。從見會明心六祖之風，蕩其漸修之道矣，南北二宗時始判焉，致普寂之門盈而後虛。」若神會入洛在天寶四年，則其時義福、普寂早已死了，兩京已無北宗大師，神會以八十高年大唱南宗宗旨，他的魔力自然很大。此時北宗漸衰，而南宗新盛，故可說南北二宗判於此時。據《歷代法寶記》的〈無相傳〉中所記：「東京荷澤寺神會和上（尚）每月作壇場，為人說法，破清淨禪，立如來禪。」又說：「開元中，滑臺寺為天下學道者定其宗旨。……天寶八載中，洛州荷澤寺亦定宗旨。」此皆可見神會在洛陽時的活動。

北宗對於神會的戰略，祇有兩條路：一是不理他，一是壓制他。義福與普寂似乎採取第一條路。但他們手下的人眼見神會的聲名一天大一天，見他不但造作法統史，並且圖繪其形，並且公開攻擊北宗的法統，他們有點忍不住了，所以漸漸走上用勢力壓迫神會的路上去。

神會此時已是八十多歲的老和尚了，他有奇特的狀貌、聰明的辯才（均見《圭傳》），他的頓悟宗旨又是很容易感動人的，他的法統史說來頭頭是道，所以他的座下聽眾一定很多，於是他的仇敵遂加他一箇「聚眾」的罪名。天寶十二年（西元七五三年），「御史盧奕阿比於寂，誣奏會聚徒，疑萌不利」（《宋高僧傳》）。盧奕此時作御史中丞，留在東部，但此時普寂已死了十多年了，不能說是「阿比於寂」。《宋高僧傳》又說，盧奕劾奏之後，「玄宗召赴京，時駕幸昭應湯池，得對言理允愜，敕移住均部。二年，敕徙荊州開元寺般若院住焉」。《宋高僧傳》依據碑傳，故諱言貶謫。《圭傳》記此事稍詳：「天寶十二年，被譖聚眾，敕黜弋陽郡，又移武當郡。至十三載，恩命量移襄州。至七月，又敕移荊州開元寺，皆北宗門下之所致也。」

唐弋陽在今河南潢川縣，武當在今湖北均縣，屬唐之均州，襄州在襄陽。二年之中，貶徙四地，我們懸想那位八十五、六歲的大師，爲了爭宗門的法統，遭遇這種貶逐的生活，我們不能不對他表很深的同情，又可以想見當時的人對他表同情的必定不少。神會的貶逐是南北二宗的生死關頭，北宗取高壓手段，不但無損於神會，反失去社會的同情，反使神會成了一箇「龍鱗虎尾殉命忘軀」的好漢。從此以後北宗便完了，南宗卻如日方中，成爲正統了。

賈餗（死於西元八三五年）作神會弟子大悲禪師靈坦的碑，說靈坦（《全唐文》誤作雲坦，《唐文粹》不誤）「隨父至洛陽，聞荷澤寺有神會大師，即決然蟬蛻萬緣，誓究心法。父知其志不可奪，亦壯而許之。凡操篲服勤於師之門庭者八、九年，而玄關祕鑰罔不洞解，一旦密承囑付，莫有知者。後十五日而荷澤被遷於弋陽，臨行謂門人曰：『吾大法弗墜矣，遂東西南北夫亦何恆？』時天寶十二載也（全唐文．七三一）」。

神會在洛陽，從天寶四年至十二年，正是八、九年。當神會被貶謫的第三年，歷史上忽然起了一箇大變化。天寶十四年（西元七五五年）十一月，安祿山造反了。次年，洛陽、長安都失陷了，玄宗倉皇出奔西蜀，太子即位於靈武。至德二年（西元七五七年），郭子儀等始收復兩京。這時候的大問題是怎樣籌軍餉？《宋高僧傳》說：「副元帥郭子儀率兵平殄，然於飛輓索然。用右僕射裴冕權計，大府各置戒壇度僧，僧稅〔百〕緡謂之香水錢，聚是以助軍須（需）。」《佛祖歷代通載．十七》記此制稍詳：「肅宗至德丁酉，尋敕五嶽各建寺廟，選高行沙門主之，聽白衣能誦經五百紙者度爲僧。或納錢百緡，請牒剃落，亦賜明經出身。」「及兩京平，又於關輔諸州納錢度僧道萬餘人。進納自此而始。」《佛祖統紀．四十二》、《釋氏資鑑．七》，所記與此略同。

這時候，神會忽然又在東京出現了，忽然被舉出來承辦勸導度僧、推銷度牒、籌助軍餉的事。《宋高僧傳》說：「初洛都先陷，會越在草莽。時盧奕爲賊所戮，羣議乃請會主其壇度。於時寺宇宮觀，鞠爲灰燼，乃權創一院，悉資苫蓋，而中築方壇。所獲財帛頓支軍費。代宗、郭子儀收復兩京，會之濟用頗有力焉。」元曇噩編的《新修科分六學傳》卷四也說：「時大農空乏，軍興絕資費。右僕射裴冕策，以爲凡所在郡府宜置戒壇度僧，而收其施利以給國用，會由是獲主洛陽事，其所輸入尤多。」

神會有辯才，能感動羣衆，又剛從貶逐回來，以九十歲的高年，出來爲國家效力，自然有絕大的魔力，怪不得他「所輸入尤多」。這時候，兩京殘破了，寺宇宮觀化爲灰燼了，當日備受恩崇（寵）的北宗和尚也逃散了，挺身出來報國立功的人乃是那四次被貶逐的九十老僧神會。他這一番功績自然使朝廷感激賞識。所以《宋高僧傳》說：「肅宗皇帝詔入內供養，敕將作大匠併功齊力爲造禪宇於荷澤寺中。」昔日貶逐的和尚，今日變成了皇帝的上客了。《宋高僧傳》接著說：「會之敷演，顯發能祖之宗風，使秀之門寂寞矣。」

於是神會建立南宗的大功告成了。上元元年（西元七六〇年）五月十三日，他與門人告別，是夜死了，壽九十三歲。建塔於洛陽寶應寺，敕諡爲真宗大師，塔號爲般若。（《宋高僧傳》）

《圭傳》說神會死於乾元元年（西元七五八年）五月十三日，年七十五。我們覺得《宋高僧傳》似是依據神會的碑傳，比較可信，故採《宋高僧傳》之說。元曇噩的《新修科分六學傳》中的〈神會傳〉與《宋高僧傳》頗相同，似同出於一源，曇噩也說神會死於上元元年，年九十三。《景德傳燈錄》說神會死於上元元年五月十三日，與《宋高僧傳》相同；但又說「俗壽七十五」，便又與《圭傳》相同了。

關於塔號諡號，《圭傳》所記稍詳：「大曆五年（西元七七〇年），敕賜祖堂額，號『真宗般若傳法之堂』。七年，敕賜塔額，號『般若大師之塔』。」《圭傳》與《圭圖》都說：「德宗皇帝貞元十二年（西元七九六年），敕皇太子集諸禪師楷定禪門宗旨，搜求傳法傍正。遂有敕下，立荷澤大師爲第七祖。內神龍寺見有碑記。又御製〈七代祖師讚文〉，見行於世。」（文字依《圭圖》）此事不見於他書，祇有志磐的《佛祖統紀．四十二》說：「貞元十二年正月，敕皇太子於內殿集諸禪師，詳定傳法旁正。」志磐是天臺宗，他的《佛祖統紀》是一部天臺宗的全史，故他記此事似屬可信。但志磐不記定神會爲七祖事，他書也沒有此事，故宗密的孤證稍可疑。如此事是事實，那麼神會死後三十六年，便由政府下敕定爲第七祖，慧能當然成了第六祖，於是南宗真成了正統了，神會的大功真完成了。

又據陳寬的〈再建圓覺塔誌〉（《唐文拾遺》，三十一）：「司徒中書令汾陽王郭子儀復東京之明年，抗表乞（菩提達摩）大師諡，代宗皇帝諡曰『圓覺』，名其塔曰『空觀』。」復東京之明年爲乾元元年（西元七五八年），在那箇戰事緊急的時候，郭子儀忽然替達摩請諡號，這是爲甚麼緣故呢？那一年正是神會替郭子儀籌餉立功之年，神會立了大功，不求榮利，祇求爲他的祖師請諡，郭子儀能不幫忙嗎？這是神會的手腕的高超之處。神會真是南宗的大政治家！

六、神會與《六祖壇經》

神會費了畢生精力打倒了北宗，建立了南宗為禪門正統，居然成了第七祖。但後來禪宗的大師都出於懷讓和行思兩支的門下，而神會的嫡嗣，除了靈坦、宗密之外，很少大師。臨濟、雲門兩宗風行以後，更無人追憶當日出死力建立南宗的神會和尚了。在《景德傳燈錄》等書裏，神會祇佔一個極不重要的地位，他的歷史和著述埋沒在敦煌石室裏，一千多年中幾乎沒有人知道神會在禪宗史上的地位，歷史上最不公平的事，莫有過於此事的了。

然而神會的影響始終還是最偉大的、最永久的，他的勢力在這一千二百年中始終沒有隱沒，因為後世所奉為禪宗唯一經典的《六祖壇經》，便是神會的傑作，《壇經》存在一日，便是神會的思想勢力存在一日。

我在上文已指出《壇經》最古本中有「吾滅後二十餘年，……有人出來，不惜身命，第佛教是非，豎立宗旨」的懸記，可為此經是神會或神會一派所作的鐵證。神會在開元二十二年在滑臺定宗旨，正是慧能死後二十一年，這是最明顯的證據。《壇經》古本中無有懷讓、行思的事，而單獨提出「神會得道」，「餘者不得」，這也是很明顯的證據。

此外還有更無可疑的證據嗎？我說有的。韋處厚（死於西元八二八年）作〈興福寺大義禪師碑銘〉（《全唐文》，七一五），有一段很重要的史料：「在高祖時有道信叶昌運，在太宗時有弘忍示元珠，在高宗時有惠能筌月指。自脈散絲分，或遁秦、或居洛、或之吳、或在楚。秦者曰秀，以方便顯（適按：此指神秀之〈五方便〉，略見宗密《圓覺大疏鈔》卷三下。〈五方便〉原書有敦煌寫本，藏巴黎），普寂其胤也；洛者曰會，得總持之印，獨曜瑩珠，習徒迷真，橘柘（枳）變體，竟成《檀經》（《壇經》）、《傳宗》，優劣詳矣。吳者曰融，以牛頭聞，徑山其裔也。楚者曰道一，以大乘攝，大師其黨也。」

大義是道一門下，死於八一八年，其時神會已死五十八年。韋處厚明說《檀經》（《壇經》）是神會門下的「習徒」所作（《傳宗》不知是否〈顯宗記〉？），可見此書出於神會一派，是當時大家知道的事實。

但究竟《壇經》是否神會本人所作呢？我說是的，至少《壇經》的重要部分是神會作的，如果不是神會作的，便是神會的弟子採取他的語錄裏的材料作成的。但後一說不如前一說的近情理，因爲《壇經》中確有很精到的部分，不是門下小師所能造作的。

我信《壇經》的主要部分是神會所作，我的根據完全是考據學所謂「內證」。《壇經》中有許多部分和新發見的《神會語錄》完全相同，這是最重要的證據。我們可以略舉幾個例證。

例一、定慧等

《壇經敦煌本》：「善知識！我此法門以定慧爲本，第一勿迷言慧定別，定慧體一不二。即定是慧體，即慧是定用；即慧之時定在慧，即定之時慧在定。善知識！此義即是定慧等。」

《壇經明藏本》：「善知識！我此法門以定慧爲本，大衆勿迷言定慧別，定慧一體不是二。定是慧體，慧是定用；即慧之時定在慧，即定之時慧在定。若識此義，即是定慧等學。」

《神會語錄》：「即定之時是慧體，即慧之時是定用；即定之時不異慧，即慧之時不異定；即定之時即是慧，即慧之時即是定。何以故？性自如故。即是定慧等

學。」（第一卷）

例二、坐禪

《壇經敦煌本》：「此法門中，何名坐禪？此法門中，一切无㝵（無礙），外於一切境界上念不去（起）爲坐；見本性不亂爲禪。」

《壇經明藏本》：「善知識！何名坐禪？此法門中，無障無礙，外於一切善惡境界心念不起，名爲坐；內見自性不動，名爲禪。」

《神會語錄》：「今言坐者，念不起爲坐；今言禪者，見本性爲禪。」（第三卷）

例三、闢當時的禪學

《壇經敦煌本》：「迷人著法相，執一行三昧，直心坐不動，除妄不起心，即是一行三昧。若如是，此法同無情，卻是障道因緣。道須通流，何以卻滯？心在（當作「不」）住即通流，住即被縛。若坐不動是，維摩詰不合呵（訶）舍利弗宴坐林中。

善知識！又見有人教人坐看心看淨，不動不起，從此置功，迷人不悟，便執成顛。即有數百般如此教導者，故之（知？云？）大錯。」

「此法門中坐禪，元不著（看）心，亦不著（看）淨，亦不言〔不〕動。若言看心，心元是妄，妄如幻，故無所看也；若言看淨，人性本淨，爲妄念故，蓋覆真如，離妄念，本性淨。不見自性本淨，心起看淨，卻生淨妄，妄無處所，故知看者卻是妄也；淨無形相，卻立淨相，言是功夫，作此見者，障自本性，卻被淨縛。若不動者，〔不〕見一切人過患，是性不動。迷人自身不動，開口即說人是非，與道違背。看心看淨，卻是障道因緣。」

以上二段，第一段明藏本在〈定慧第四品〉，第二段明藏本在〈坐禪第五品〉，讀者可以參校，我不引明藏本全文了。最可注意的是後人不知道此二段所攻擊的禪學是甚麼，故明藏本以下的〈定慧品〉作「有人教坐，看心觀靜，不動不起」，而下文〈坐禪品〉的「看心」、「看淨」都誤作「著心」、「著淨」（適按，「著」、「看」二字，似宜細酌，當再校之）。著是執著，決不會有人教人執著心、執著淨。唐人寫經，「淨」、「靜」不分，而「看」、「著」易混，故上文「看心觀靜」不誤，而下文「著心著淨」是誤寫。今取《神會語錄》校之，便可知今本錯誤，又可知此種禪出自北宗門下的普寂，又可知此種駁議不會出於慧能生時，乃是神會駁斥普寂的話。

《神會語錄》之文如下：

《神會語錄》：遠師問：「嵩嶽普寂禪師、東岳降魔禪師，此二大德皆教人『凝心入定，住心看淨，起心外照，攝心內證』，指此以爲教門。禪師今日何故說禪不教人『凝心入定，住心看淨，起心外照，攝心內證』？何名爲坐禪？」和尚答曰：「若教人『凝心入定，住心看淨，起心外照，攝心內證』者，此是障菩提。今言坐者，念不起爲坐；今言禪者，見本性爲禪。」（下闕）（第三卷）又說：「若有坐者，『凝心入定，住心看淨，起心外照，攝心內證』者，此障菩提，未與菩提相應，何由可得解脫？」「不在坐裏，若以坐爲是，舍利弗宴坐林間，不應被維摩詰訶。訶云：『不於三界現身意，是爲宴坐。』但一切時中見無念者，不見身相名爲正定，不見心相名爲正慧。」（第一卷）。

又說：

問：「何者是大乘禪定？」

答：「大乘定者，不用心，（不看心），不看靜，不觀空，不住心，不澄心，不遠看，不近看……」

問：「云何不用心？」

答：「用心即有，有即生滅。無用〔即〕無，無生無滅。」

問：「何不看心？」

答：「看即是妄，無妄即無看。」

問：「何不看淨？」

答：「無垢即無淨，淨亦是相，是以不看。」

問：「云何不住心？」

答：「住心即假施設，是以不住。心無處所。」（第一卷之末）

《語錄》中又有神會詰問澄禪師一段：

問：「今修定者，元是妄心修定，如何得定？」

答：「今修定者，自有內外照，即得見淨，以淨故即得見性。」

問：「性無內外，若言內外照，元是妄心，若爲見性？經云：『若學諸三昧，是動非坐禪。』心隨境界流，云何名爲定？若指此定爲是者，維摩詰即不應訶舍利

弗宴坐。」（第一卷）

我們必須先看神會這些話，然後可以瞭解《壇經》中所謂「看心」、「看淨」是何物，如果「看心看淨」之說是普寂和降魔藏的學說，則慧能生時不會有那樣嚴重的駁論，因爲慧能死時普寂領衆不過幾年，他又是後輩，慧能怎會那樣用力批評？但若把《壇經》中這些話看作神會駁普寂的話，一切困難便都可以解釋了。

例四、論《金剛經》

《壇經敦煌本》：「善知識！若欲入甚深法界、入般若三昧者，直修般若波羅蜜行，但持《金剛般若波羅蜜經》一卷，即得見性，入般若三昧。當知此經功德無量，經中分明讚歎，不能具說。此是最上乘法，爲大智上根人說；少根智人若聞法，心不生信。何以故？譬如大龍若下大雨，雨衣（被）閻浮提，如漂草葉；若下大雨，雨放大海，不增不減。若大乘者聞說《金剛經》，心開悟解，故知本性自有般若之智，自用智惠（慧）觀照，不假文字。譬如其雨水，不從无有，无（元）是龍王於江海中將身引此水，令一切衆生、一切草木、一切有情无情悉皆蒙潤。諸水衆流卻入大海，海納衆水合爲一體，衆生本性般若之智亦復如是。少根之人聞說此頓教，猶如大地草木，根性自少者，若被大雨一沃悉皆倒，不能增長，少根之人亦復如是。（參看《壇經明藏本·般若品》，文字稍有異同，如「如漂草葉」誤作「如漂棗葉」、「雨水不從无有」作「雨水不從天有」之類，皆敦煌本為勝）

《神會語錄》：「若欲得了達甚深法界，直入一行三昧者，先須誦持《金剛般若波羅蜜經》，修學般若波羅蜜法。……《金剛般若波羅蜜經》者，如來爲發大乘者說，爲發最上乘者說。何以故？譬如大龍，不雨閻浮。若雨閻浮，如飄棄葉；若雨大海，其海不增不減。若大乘者、若最上乘者，聞說《金剛般若波羅蜜經》，不驚不怖、不畏不疑者，當知是善男子、善女人，從無量久遠劫來，常供養無量諸佛及諸菩薩，修學一切善法，今是得聞《般若波羅蜜經》，不生驚疑。」（第三卷）

例五、無念

《壇經敦煌本》：「无者无何事？念者念何物？无者，離二相諸塵勞。〔念者，念真如本性〕（依明藏本補）。真如是念之體，念是真如之用。〔自〕性起念，雖即見聞覺知，不染萬境，而常自在。」（《明藏本·定慧第四》）

《神會語錄》：

問：「无者无何法？念者念何法？」

答：「无者无有云然，念者唯念真如。」

問：「念與真如有何差別？」

答：「无差別。」

問：「既无差別，何故言念真如？」

答：「言其念者，真如之用；真如者，念之體。以是義故，立无念爲宗。若見无念者，雖具見聞覺知，而常空寂。」（第一卷）

以上所引，都是挑選的最明顯的例子。我們比較這些例子，不但內容相同，並且文字也都很相同，這不是很重要的證據嗎？大概《壇經》中的幾箇重要部分，如明藏本的〈行由品〉、〈懺悔品〉，是神會用氣力撰著的，也許是有幾分歷史的根據的，尤其是〈懺悔品〉，《神會語錄》裏沒有這樣有力動人的說法，也許真是慧能在時的記載。此外，如〈般若〉、〈疑問〉、〈定慧〉、〈坐禪〉諸品，都是七拼八湊的文字，大致是神會雜採他的語錄湊成的。〈付囑品〉的一部分大概也是神會原本所有，其餘大概是後人增加的了。《壇經》古本不分卷，北宋契嵩始分爲三卷，已有大改動了；元朝宗寶又增入弟子請益機緣，是爲明藏本之祖。

如果我們的考證不大錯，那麼神會的思想影響可說是存在在《壇經》裏。柳宗元作〈大鑑禪師碑〉說：「其說具在，今布天下，凡言禪皆本曹溪。」我們也可以這樣說神會：「其說具在，今布天下。凡言禪皆本曹溪，其實是皆本於荷澤。」

南宗的急先鋒、北宗的毀滅者、新禪學的建立者、《壇經》的作者——這是我們的神會。在中國佛教史上，沒有第二箇人有這樣偉大的功勳、永久的影響。

十八年除夕脫稿。

（圓明編案：本文經「胡適紀念館」於民國八十四年六月二十二日同意輯入本書，謹申謝悃。）

有關荷澤神會大師的記載

本來無佛無衆生
世界未曾見一人
究竟瞭解是這箇
自性還是自己生

明藏本六祖壇經

有一童子名神會，襄陽高氏子。年十三，自玉泉來參禮，師曰：「知識遠來艱辛，還將得本來否？若有本則合識主。試說看！」會曰：「以無住爲本，見即是主。」師曰：「這沙彌爭合取次語！」會乃問曰：「和尚坐禪還見不見？」師以拄杖打三下云：「吾打汝是痛不痛？」對曰：「亦痛亦不痛。」師曰：「吾亦見亦不見。」神會問：「如何是亦見亦不見？」師云：「吾之所見，常見自心過愆，不見他人是非好惡，是以亦見亦不見。汝言亦痛亦不痛如何？汝若不痛，同其木石；若痛則同凡夫，即起恚恨。汝向前見不見是二邊，痛不痛是生滅。汝自性且不見，敢爾弄人！」神會禮拜悔謝。師又曰：「汝若心迷不見，問善知識覓路；汝若心悟，即自見性，依法修行。汝自迷不見自心，卻來問吾見與不見，吾見自知，豈代汝迷？汝若自見，亦不代吾迷。何不自知自見，乃問吾見與不見？」神會再禮拜百餘拜，求謝過愆，服勤給侍，不離左右。一日，師告衆曰：「吾有一物，無頭無尾，無名無字，無背無面。諸人還識否？」神會出曰：「是諸佛之本源，神會之佛性。」師曰：「向汝道：無名無字，汝便喚作本源佛性。汝向去有把茆蓋頭，也衹成箇知解宗徒。」祖師滅後，會入京洛，大弘曹溪頓教，著〈顯宗記〉盛行於世，是爲荷澤禪師。

師一日喚門人法海、志誠、法達、神會、智常、智通、志徹、志道、法珍、法如等曰：「汝等不同餘人，吾滅度後各爲一方師。吾今教汝說法，不失本宗。」

師於太極元年壬子延和七月，命門人往新州國恩寺建塔，仍令促工，次年夏末落成。七月一日集徒衆曰：「吾至八月欲離世間，汝等有疑早須相問，爲汝破疑，令汝迷盡。吾若去後，無人教汝。」法海等聞，悉皆涕泣，惟有神會神情不動，亦無涕泣。師云：「神會小師，卻得善不善等，毀譽不動，哀樂不生，餘者不得。數年山中，竟修何道？汝今悲泣，爲憂阿誰？若憂吾不知去處，吾自知去處；若吾不知去處，終不預報於汝。汝等悲泣，蓋爲不知吾去處；若知吾去處，即不合悲泣。法性本無生滅去來。」

歷代法寶記

東京荷澤寺神會和上（尚），每月作壇場爲人說法，破清淨禪立如來禪，立知見立言說，爲戒定慧不破言說。云：「正說之時即是戒，正說之時即是定，正說之時即是慧。」說無念法立見性。開元中，滑臺寺爲天下學道者定其宗旨。會和上云：「更有一人說，會終不敢說，爲會和上不得信袈裟。」

天寶八載中，洛州荷澤寺亦定宗旨。被崇遠法師問：「禪師於三賢十聖修行，證何地位？」會答曰：「《涅槃經》云：『南無純陀，南無純陀，身同凡夫，心同佛心。』」會和上卻問遠法師：「講《涅槃經》，來得幾徧？」遠法師答：「四十餘徧。」又問：「法師見佛性否？」法師答：「不見。」會和上云：「〈師子吼品〉云：『若人不見佛性，即不合講《涅槃經》；若見佛性，即合講《涅槃經》。』」遠法師卻問：「和上見佛性否？」會答：「見。」又問：「云何爲見？復眼見耶？耳鼻等見耶？」會答：「見無爾許多，見祇沒見。」又問：「見等純陀否？」會答：「比量見。比即比於純陀，量等純陀，不敢定斷。」又被遠法師問：「禪師上代袈裟傳否？」會答：「傳。若不傳時，法有斷絕。」又問：「禪師得否？」答：「不在會處。」遠法師又問：「誰得此袈裟？」會答：「有一人得，已得自應知。此人若說法時，正法流行，邪法自滅，爲佛法事大，所以隱而未出。」

會和上在荊府時，有西國人迦葉賢者安樹提等二十餘人，向會和上說法處問：「上代信袈裟，和上得否？」答：「不在會處。」會和上卻問：「賢者等何處來？」迦葉答：「從劍南來。」又問：「識金禪師否？」迦葉答：「盡是金和上弟子。」會和上問：「汝金禪師教人教道如何？」迦葉答：「無明頭出，涅槃頭沒；般若頭出，無明頭沒。有念猶如鏡背。」會和上叱之：「莫說此閑言語！汝姓迦葉，是婆羅門種姓，計合利根，乃是尿牀婆羅門耳。」會和上云：「汝劍南詵禪師是法師，不說了教；唐禪師是詵禪師弟子，亦不說了教；唐禪師弟子梓州趙是法師，陵州王是律師，已西表是法師，益州金是禪師，說了教亦不得，雖然不說了教，佛法祇在彼處。」郎中馬雄使到曹溪，體能和上塔，問守塔老僧：「上代傳信袈裟何在？」老師答：「能和上在時，立指師、智海師等，問能和上：『承上袈裟傳否？佛法付囑誰人？』能和上答：『我衣女子將去也。我法我死後二十年外，豎立宗旨者得我法也。』」

圓覺經略疏之鈔

本，神會第七。註：頂異凡相，骨氣殊衆，聰辯難測。先事北宗秀三年，因秀奉敕追入，遂往曹溪門下。答無住爲本見即是性，杖試諸難，夜喚審問，兩心既契，師資道合。後又北遊，廣其聞見，上都受戒，景龍年中，卻歸曹溪。曹溪知其純熟，遂密授語，緣達摩懸記，六代後命如懸絲，遂不令法衣出山。和尚行門，增上苦行供養，密添衆瓶，斫冰濟衆，負薪擔水，神轉巨石，然燈殿光誦經，神衞律窮五部，禪感紫雲。因洛陽詰北宗傳衣之由，乃滑臺演兩宗真僞，便有難起，開法不得。然能大師滅後二十年中，曹溪頓旨沈廢於荊吳，嵩嶽漸門熾盛於秦洛，普寂禪師謬稱七祖，二京法主三帝門師，朝臣歸崇敕使監衞，雄雄若是，誰敢當衝？嶺南宗途甘從毀滅，法信衣服數被潛謀，傳受碑文兩遭磨換。荷澤親承付囑，詎敢因循，直入東都面抗北宗，龍鱗虎尾殉命亡軀，俠客縣官三度幾死，商旅縗服百種艱難，達摩懸絲之記驗於此矣。因准上祈瑞感，炭上生芝草，士庶咸覩，遂令建立無退屈心，又因南陽答王趙二公三車義，名漸聞於名賢。天寶四載兵部侍郎宋鼎請入東都，然正道易申，謬理難固，於是曹溪了義大播於洛陽，荷澤頓門派流於天下。然北宗門下勢力連天，天寶十二載被譖聚衆，敕黜弋陽，又移武當郡，至十三載，恩命量移襄州，至七月又移荊州開元寺，皆北宗所致也，然彼宗主必無此心，蓋是門下凡愚競於彼我也。至乾元元年四月後，頻告門入，令數問法，再三深歎無爲一法。五月十三日中夜示滅，年七十有五。二年遷厝於東京龍門置塔，寶應二年敕於塔所置寶應寺。大曆五年敕賜祖堂額，號「真宗般若傳法之堂」。七年敕賜塔額，號「般若大師之塔」。真元十二年敕皇太子集諸禪德，楷定禪門宗旨，遂立神會禪師爲第七祖。內神龍寺敕賜碑記現在，又御製〈七祖讚文〉，現行於世。緣第七代是中興之王，故具敍之。

宋高僧傳・唐洛京荷澤寺神會傳

釋神會，姓高，襄陽人也。年方幼學，厥性惇明，從師傳授《五經》，克通幽賾。次尋莊老，靈府廓然。覽《後漢書》知浮圖之說，由是於釋教留神，乃無仕進之意。辭親投本府國昌寺顥元法師下出家，其諷誦羣經，易同反掌，全大律儀，匪貪講貫。聞嶺表曹侯溪惠能禪師盛揚法道，學者駿奔，乃效善財南方參問，裂裳裹足，以千里爲跬步之間耳。及見，能問會曰：「從何所來？」答曰：「無所從來。」能曰：「汝不歸去？」答曰：「一無所歸。」能曰：「汝太茫茫。」答曰：「身緣在路。」能曰：「由自未到。」答曰：「今已得到，且無滯留。」居曹溪數載，後徧尋名迹。開元八年，敕配住南陽龍興寺，續於洛陽大行禪法，聲彩發揮。先是，兩京之間皆宗神秀，若不淰之魚鮪附沼龍也，從見會明心六祖之風，蕩其漸修之道矣，南北二宗時始判焉，致普寂之門盈而後虛。天寶中，御史盧奕阿比於寂，誣奏會聚徒，疑萌不利，玄宗召赴京，時駕幸昭應湯池，得對言理允愜，敕移往均部，二年敕徙荊州開元寺般若院住焉。十四年范陽安祿山舉兵内向，兩京版蕩，駕幸巴蜀，副元帥郭子儀率兵平殄，然於飛輓索然，用右僕射裴冕權計，大府各置戒壇度僧，僧稅緡謂之香水錢，聚是以助軍須（需）。初洛都先陷，會越在草莽，時盧奕爲賊所戮，羣議乃請會主其壇度。於時寺宇宮觀，鞠爲灰燼，乃權創一院，悉資苦蓋，而中築方壇，所獲財帛頓支軍費，代宗、郭子儀收復兩京，會之濟用頗有力焉。肅宗皇帝詔入内供養，敕將作大匠併功齊力，爲造禪宇於荷澤寺中是也。會之敷演，顯發能祖之宗風，使秀之門寂寞矣。上元元年囑別門人，避座望空，頂禮歸方丈。其夜示滅，受生九十三歲矣，即建午月十三日也。遷塔於洛陽寶應寺，敕諡大師曰「真宗」，塔號「般若」焉。

景德傳燈錄

卷五．西京荷澤神會禪師

西京荷澤神會禪師者，襄陽人也，姓高氏。年十四，爲沙彌，謁六祖，祖曰：「知識遠來大艱辛，將本來否？若有本，則合識主。試說看！」師曰：「以無住爲本，見即是主。」祖曰：「這沙彌爭合取次語！」便以杖打。師於杖下思惟曰：「大善知識歷劫難逢，今既得遇，豈惜身命！」自此給侍。他日祖告衆曰：「吾有一物，無頭無尾，無名無字，無背無面。諸人還識否？」師乃出曰：「是諸佛之本源，神會之佛性。」祖曰：「向汝道無名無字，汝便喚本源佛性！」師禮拜而退。師尋往西京受戒，唐景龍中卻歸曹溪。祖滅後二十年間，曹溪宗旨沈廢於荊吳，嵩嶽漸門盛行於秦洛，乃入京，天寶四年方定兩宗，乃著〈顯宗記〉盛行於世。一日鄉信至，報二親亡，師入堂白槌曰：「父母俱喪，請大衆念摩訶般若。」衆纔集，師便打槌曰：「勞煩大衆。」師於上元元年五月十三日中夜奄然而化，俗壽七十五。二年，遷塔於洛京龍門，敕於塔所置寶應寺。大曆五年，賜號「真宗般若傳法之堂」。七年，又賜「般若大師之塔」。

卷三．第三十祖僧璨大師

初唐河南尹李常，素仰祖風，深得玄旨。天寶乙酉歲遇荷澤神會，問曰：「三祖大師葬在何處?或聞入羅浮不迴，或說終於山谷。未知孰是?」會曰：「璨大師自羅浮歸山谷，得月餘方示滅，今舒州見有三祖墓。」常未之信也。常謫爲舒州別駕，因詢問山谷寺衆僧，曰：「聞寺後有三祖墓是否?」時上座慧觀對曰：「有之。」常欣然與寮佐同往瞻禮。又啓壙，取真儀闍維之，得五色舍利三百粒，以百粒出己俸建塔焉，百粒寄荷澤神會以徵前言，百粒隨身。後於洛中私第設齋以慶之。

卷五．吉州青原山行思禪師

荷澤神會來參，師問曰：「甚麼處來?」會曰：「曹溪。」師曰：「曹溪意旨如何?」會振身而已。師曰：「猶滯瓦礫在。」曰：「和尚此間莫有真金與人否?」師曰：「設有與汝，向甚麼處著?」（玄沙云：「果然。」雲居錫云：「祇如玄沙道果然，是真金？是瓦礫？」）

卷十三・洛陽荷澤神會大師法嗣

黃州大石山福琳禪師，荊州人也，姓元氏，本儒家子。幼歸釋氏，就玄靜寺謙著禪師剃度登戒。遊方遇荷澤，師示無念靈知不從緣有，即煥然見諦。後抵黃州大石山結菴而居，四方禪侶依之甚衆。唐興元二年入滅，壽八十有二。

沂水蒙山光寶禪師，并州人也，姓周氏。初謁荷澤和尚，服勤左右。荷澤一日謂之曰：「汝名光寶，名以定體，寶即己有，光非外求，縱汝意用而無少乏，長夜蒙照而無間歇。汝還信否？」師曰：「信則信矣，未審光之與寶同耶？異耶？」荷澤曰：「光則寶，寶則光，何有同異之名乎？」師曰：「眼耳緣聲色時，爲復抗行？爲有迴互？」荷澤曰：「抗互且置，汝指何法爲聲色之體乎？」師曰：「如師所說，即無有聲色可得。」荷澤曰：「汝若了聲色體空，亦信眼耳諸根及與凡聖平等如幻，抗行迴互，其理昭然。」師由是領悟，禮辭而去。初隱沂水蒙山，唐元和二年圓寂，壽年九十。

卷二十八・洛京荷澤神會大師

洛京荷澤神會大師示衆曰：「夫學道者，須達自源。四果三賢皆名調伏，辟支羅漢未斷其疑，等妙二覺了達分明。覺有淺深，教有頓漸。其漸也，歷僧祇劫猶處輪迴；其頓也，屈伸臂頃便登妙覺。若宿無道種，徒學多知，一切在心，邪正由己。不思一物即是自心，非智所知，更無別行，悟入此者，真三摩提。法無去來，前後際斷，故知無念爲最上乘。曠徹清虛，頓開寶藏，心非生滅，性絕推遷，自淨則境慮不生，無作乃攀緣自息。吾於昔日轉不退輪，今得定慧雙修，如拳如手。見無念體，不逐物生，了如來常，更何所起？今此幻質，元是真常，自性如空，本來無相，既達此理，誰怖誰憂？天地不能變其體，心歸法界，萬象一如，遠離思量，智同法性，千經萬論，祇是明心，既不立心，即體真理，都無所得。告諸學衆，無外馳求，若最上乘，應當無作。珍重！」

人問：「無念法有無否？」師曰：「不言有無。」曰：「恁麼時作麼生？」師曰：「亦無恁麼時。猶如明鏡，若不對像終不見像，若見無物乃是真見。」

師於《大藏經》內有六處有疑，問於六祖。

第一問戒定慧曰：「戒定慧如何？所用戒何物？定從何處修？慧因何處起？所

見不通流？」六祖答曰：「定即定其心，將戒戒其行，性中常慧照，自見自知深。」

第二問：「本無今有有何物？本有今無無何物？誦經不見有無義，真似騎驢更覓驢。」答曰：「前念惡業本無，後念善生今有，念念常行善行，後代人天不久。汝今正聽吾言，吾即本無今有。」

第三問：「將生滅卻滅？將滅滅卻生？不了生滅義，所見似聾盲。」答曰：「將生滅卻滅，令人不執性；將滅滅卻生，令人心離境。未若離二邊，自除生滅病。」

第四問：「先頓而後漸？先漸而後頓？不悟頓漸人，心裏常迷悶。」答曰：「聽法頓中漸，悟法漸中頓；修行頓中漸，證果漸中頓。頓漸是常因，悟中不迷悶。」

第五問：「先定後慧？先慧後定？定慧初後，何生爲正？」答曰：「常生清淨心，定中而有慧；於境上無心，慧中而有定。定慧等無先，雙修自心正。」

第六問：「先佛而後法？先法而後佛？佛法本根源，起從何處出？」答曰：「說即先佛而後法，聽即先法而後佛。若論佛法本根源，一切衆生心裏出。」

傳法正宗記

大鑑之二世，曰洛陽荷澤神會禪師。初以沙彌參見大鑑，因問答乃發大慧。戒後會大鑑入滅，北秀之說浸盛，會遂趨京師。以天寶四年獨斷祖道，爲南北宗著書，曰〈顯宗記〉，大鑑所傳，自是遂尊於天下。其所出法嗣一十八人，一曰黃州大石山福琳者、一曰沂水蒙山光寶者、一曰磁州法如者、一曰懷安郡西隱山進平者、一曰澧陽慧演者、一曰河陽懷空者、一曰南陽圓震者、一曰宜春廣敷者、一曰江陵行覺者、一曰五臺山神英者、一曰五臺山無名者、一曰南嶽皓玉者、一曰宣州志滿者、一曰涪州朗禪師者、一曰廣陵靈坦者、一曰寧州通隱者、一曰益州南印者、一曰河南尹李常者。

神會大師其他著作

本來無佛無衆生
世界未曾見一人
究竟瞭解是這箇
自性還是自己生

南陽和上頓教解脫禪門直了性壇語

一

無上菩提法，諸佛深歎不思議。

知識！既一一能來，各各發無上菩提心。諸佛菩薩、真正善知識，極甚難值遇。昔未曾聞，今日得聞；昔未得遇，今日得遇。《涅槃經》云：「佛告迦葉言：『從兜率天放一顆芥子，投閻浮提一針鋒，是爲難不？』迦葉菩薩言：『甚難，世尊。』佛告迦葉：『此未爲難。正因正緣得相值遇，此是爲難。』」云何正因正緣？知識！發無上菩提心是正因；諸佛菩薩、真正善知識，將無上菩提法投知識心，得究竟解脫，是正緣；得相值遇爲善。

知識！是凡夫口有無量惡言，心有無量惡念，久輪轉生死，不得解脫。須一一自發菩提心，爲知識懺悔，各各禮佛：

敬禮過去盡過去際一切諸佛！

敬禮未來盡未來際一切諸佛！
敬禮現在盡現在際一切諸佛！
敬禮尊法般若修多羅藏！
敬禮大菩薩、一切賢聖僧！
各各至心懺悔，令知識三業清淨：
過去未來及現在，身口意業四重罪，我今至心盡懺悔，願罪除滅永不起！
過去未來及現在，身口意業五逆罪，我今至心盡懺悔，願罪除滅永不起！
過去未來及現在，身口意業七逆罪，我今至心盡懺悔，願罪除滅永不起！
過去未來及現在，身口意業十惡罪，我今至心盡懺悔，願罪除滅永不起！
過去未來及現在，身口意業障重罪，我今至心盡懺悔，願罪除滅永不起！
過去未來及現在，身口意業一切罪，我今至心盡懺悔，願罪除滅永不起！
現在知識等，今者已能來此道場，各各發無上菩提心，求無上菩提法！
若求無上菩提，須信佛語、依佛教。佛道設語，經云：「諸惡莫作，諸善奉行，自淨其意，是諸佛教。」過去一切諸佛皆作如是說：「諸惡莫作是戒，諸善奉行是慧，自淨其意是定。」

知識！要須三學等，始名佛教。何者是三學等？戒、定、慧是。妄心不起名爲戒，無妄心名爲定，知心無妄名爲慧，是名三學等。各須護持齋戒，若不持齋戒，一切善法終不能生。若求無上菩提，要先護持齋戒，乃可得入；若不持齋戒，疥癩野干之身尚自不得，豈獲如來功德法身？

知識！學無上菩提，不淨三業、不持齋戒，言其得者，無有是處。要藉有作戒、有作慧，顯無作戒、無作慧；定則不然，若修有作定，即是人天因果，不與無上菩提相應。

知識！久流浪生死，經過恒河沙大劫，不得解脫者，爲不曾發無上菩提心，即不值遇諸佛菩薩、真正善知識；縱值遇諸佛菩薩、真正善知識，又復不能發無上菩提心。流轉生死，經無量恒河沙大劫不得解脫者，總緣此。

二

又縱發心者，祇發二乘人天心，人天福盡不免還墮。諸佛出世如恒河沙，諸大菩薩出世如恒河沙，一一諸佛菩薩、善知識出度人，皆如恒河沙，諸佛菩薩、善知識何不值遇？今流浪生死不得解脫，良爲與過去諸佛菩薩、真正善知識，無一念最上菩薩緣來；或有善知識不了無上菩提法，儻將二乘聲聞及人天法教知識，喻如穢食置於寶器。何者寶器？知識！發無上菩提心是寶器；何者穢食？二乘人天法是穢食。雖獲少善生天，天福若盡，還同今日凡夫。

知識！今發心學般若波羅蜜相應之法，超過聲聞、緣覺等，同釋迦牟尼佛授彌勒記，更無差別。如二乘人執定，經歷劫數，如須陀洹在定八萬劫，斯陀含在定六萬劫，阿那含在定四萬劫，阿羅漢在定二萬劫，辟支佛在定十千劫。何以故？住此定中劫數滿足，菩薩摩訶薩方乃投機說法，能始發菩提心，同今日知識發菩提心不別。當二乘在定時，縱爲說無上菩提法，終不肯領受。經云：「天女語舍利弗云：『凡夫於佛法有反覆，而聲聞無也。』」

已來登此壇場學修般若波羅蜜時，願知識各各心口發無上菩提心，不離坐（座）下，悟中道第一義諦。

夫求解脫者，離身意識、五法、三自性、八識、二無我，離內外見，亦不於三界現身意，是爲宴坐，如此坐者，佛即印可。六代祖師以心傳心，離文字故；從上相承，亦復如是。

知識！一一身具有佛性。善知識不將佛菩提法與人，亦不爲人安心。何以故？

《涅槃經》云：「早已授仁者記。」一切衆生本來涅槃，無漏智性本自具足，何爲不見？今流浪生死不得解脫，爲被煩惱覆故不能得見，要因善知識指授方乃得見，故即離流浪生死使得解脫。

三

知識！承前所有學處且除卻，莫用看。知識！學禪以來，經五年、十餘年、二十年者，今聞深生驚怪。所言除者，但除妄心，不除其法。若是正法，十方諸佛來除不得，況今善知識能除得？猶如人於虛空中，行住坐臥不離虛空。無上菩提法亦復如是，不可除得。一切施爲運用，皆不離法界。經云：「但除其病，不除其法。」

知識諦聽！爲說妄心。何者是妄心？仁者等今既來此間，貪愛財色男女等及念園林屋宅，此是麤妄；應無此心，爲有細妄，仁者不知。何者是細妄？心聞說菩提，起心取菩提；聞說涅槃，起心取涅槃；聞說空，起心取空；聞說淨，起心取淨；聞說定，起心取定。此皆是妄心，亦是法縛，亦是法見，若作此用心，不得解脫，非本自寂淨心。作住涅槃，被涅槃縛；住淨，被淨縛；住空，被空縛；住定，被定縛。作此用心，皆是障菩提道。《般若經》云：「若心取相，即著我、人、衆生、壽者。離一切諸相，即名諸佛，離其法相。」《維摩詰經》云：「何爲病本？爲有攀緣。云何斷攀緣？以無所得，無所得則無病本。」學道若不識細妄，如何得離生死大海？

知識！各用心諦聽，聊簡（興案：又作料棟、了簡、量簡、量見、料見，通用料簡，意為善能分別選擇正法，論究竟之意）自本清淨心。聞說菩提，不作意取菩提；聞說涅槃，不作意取涅槃；聞說淨，不作意取淨；聞說空，不作意取空；聞說定，不作意取定。如是用心，即寂靜涅槃。經云：「斷煩惱者，不名涅槃；煩惱不生，乃名涅槃。」譬如鳥飛於虛空，若住於空，必有墮落之患；如學道人修無住心，心住於法，即是住著，不是解脫。經云：「更無餘病，唯有空病，空病亦空，所空亦復空。」經云：「常行無念實相智慧，若以法界證法界者，即是增上慢人。」

四

知識！一切善惡總莫思量。不得凝心住心，亦不得將心直視心，墮直視住，不中用；不得垂眼向下，便墮眼住，不中用；不得作意攝心，亦不得遠看近看，皆不中用。經云：「不觀是菩提，無憶念故，即是自性空寂心。」「心有是非不？」答：「無。」「心有來去處不？」答：「無。」「心有青黃赤白不？」答：「無。」「心有住處不？」答：「心無住處。」和上（尚）言：「心既無住，知心無住不？」答：「知。」「知不知不？」答：「知。」

今推到無住處立知，作沒？無住是寂靜，寂靜體即名爲定，從體上有自然智，能知本寂靜體名爲慧，此是定慧等。經云：「寂上起照，此義如是。」無住心不離知，知不離無住，知心無住，更無餘知。《涅槃經》云：「定多慧少，增長無明；慧多定少，增長邪見；定慧等者，名見佛性。」今推到無住處便立知，知心空寂即是用處。《法華經》云：「即同如來知見，廣大深遠。」心無邊際，同佛廣大，心無限量，同佛深遠，更無差別。看諸菩薩行甚深般若波羅蜜多，佛推諸菩薩病處如何？《般若經》云：「菩薩摩訶薩應如是生清淨心，不應住色生心，不應住聲、香、味、觸、法生心，應無所住而生其心。」「無所住」者，今推知識無住心是；「而生其心」者，知心無住是。

本體空寂，從空寂體上起知，善分別世間青黃赤白是慧，不隨分別起是定。即如凝心入定墮無記空，出定已後起心分別一切世間有爲，喚此爲慧，經中名爲妄心，此則慧時則無定，定時則無慧，如是解者皆不離煩惱。凝心入定，住心看淨，起心外照，攝心內證，非解脫心，亦是法縛心，不中用！《涅槃經》云：「佛告琉璃光菩薩：『善男子！汝今莫入甚深空定。何以故？令大衆鈍故。』」若入定，一切諸般若波羅蜜不知故。

但自知本體寂靜，空無所有，亦無住者，等同虛空，無處不徧，即是諸佛真如身。真如是無念之體，以是義故，立「無念」爲宗。若見「無念」者，雖具見、聞、覺、知而常空寂，即戒、定、慧學一時齊等，萬行俱備，即同如來知見廣大深遠。云何深遠？以不見性，故言深遠；若了見性，即無深遠。

五

各各至心，令知識得頓悟解脫。

若眼見色，善分別一切色，不隨分別起，色中得自在，色中得解脫色塵三昧足。

耳聞聲，善分別一切聲，不隨分別起，聲中得自在，聲中得解脫聲塵三昧足。

鼻聞香，善分別一切香，不隨分別起，香中得自在，香中得解脫香塵三昧足。

舌嚐味，善分別一切味，不隨分別起，味中得自在，味中得解脫味塵三昧足。

身覺種種觸，善能分別觸，觸中得自在，觸中得解脫觸塵三昧足。

意分別一切法，不隨分別起，法中得自在，法中得解脫法塵三昧足。

如是諸根善分別是本慧，不隨分別起是本定。

經云：「不捨道法而現凡夫事，是爲宴坐。」種種運爲世間，不於事上生念，是定慧雙修，不相去離。定不異慧，慧不異定，如世間燈光不相去離。即燈之時光家體，即光之時燈家用；即光之時不異燈，即燈之時不異光；即光之時不離燈，即燈之時不離光；即光之時即是燈，即燈之時即是光。定慧亦然，即定之時是慧體，即慧之時是定用；即慧之時不異定，即定之時不異慧；即慧之時即是定，即定之時即是慧；即慧之時無有慧，即定之時無有定。此即定慧雙修不相去離。後二句者，是維摩詰默然真入不二法門。

六

爲知識聊簡「煩惱即菩提」義。舉虛空爲喻，如虛空本無動靜，明來是明家空，闇來是闇家空，闇空不異明，明空不異闇，空明闇自來去，虛空本來無動靜。

煩惱與菩提其義亦然，迷悟雖別有殊，菩提性元不異。

經云：「如自觀身實相，觀佛亦然。」知心無住是觀，過去諸佛心亦同知識今日無住心無別。經云：「我觀如來，前際不來，後際不去，今則無住。」

夫求法者，不著佛求，不著法求。何以故？爲衆生心中各自有佛性故。

知識！起心外求者即名邪求。《勝天王般若經》言：「『大王！即是如實。』『世尊，云何如實？』『大王！即不變異。』『世尊！云何不變異？』『大王，所謂如如。』『世尊！云何如如？』『大王！此可智知，非言能說。離相無相，遠離思量，過覺觀境，是爲菩薩了達甚深法界，即同佛知見。』」

知識！自身中有佛性，未能了了見。何以故？喻如此處各各思量家中住宅、衣服、臥具及一切等物，具知有更不生疑，此名爲知，不名爲見；若行到宅中，見如上所說之物，即名爲見，不名爲知。今所覺者，具依他說「知」身中有佛性，未能了了「見」。

但不作意，心無有起，是真無念，畢竟見不離知，知不離見。一切衆生本來無相，今言相者並是妄心，心若無相即是佛心，若作心不起是識定，亦名法見心自性定。

馬鳴云：「若有衆生觀無念者，則爲佛智。」故今所說般若波羅蜜，從生滅門頓入真如門，更無前照後照、遠看近看，都無此心，乃至七地以前菩薩都總驀過，唯指佛心，即心是佛。

七

經云：「當如法說。口說菩提，心無住處；口說涅槃，心唯寂滅；口說解脫，心無繫縛。」向來指知識無住心，知不知？答：「知。」

《涅槃經》云：「此是第一義空。」若三處俱空，即是本體空寂，唯有中道亦不在其中，中道因邊而立，猶如三指並同，要因兩邊始立中指，若無兩邊中指亦無。經云：「虛空無中邊，諸佛身亦然。」諸佛解脫法身，亦如虛空無中邊。

知識！常須作如是解。今將無上道法分付知識，引經若領此語，六波羅蜜、恆沙諸佛、八萬四千諸三昧門，一時灌入知識身心。《維摩詰經》云：「菩提不可以身得，不可以心得。寂滅是菩提，滅諸相故。」「不可以身得」，心不在外；「不可以心得」，身不在內；「寂滅是菩提」，中間無處所；「滅諸相故」，一切妄念不生。此照體獨立，神無方所。知識！當如是用。

得上根上智人，見說般若波羅蜜便能領受，如說修行；如中根人，雖未得，若勤諮問亦得入；下根人，但至信不退，當來亦能入大乘十信位中。

祇如學道人，撥妄取淨是垢淨，非本自淨。《華嚴經》云：「譬如拭巾有垢，先著灰汁，然後用淨水洗之，此雖得淨，未名爲淨。何以故？此淨爲因垢得淨，猶故不淨。」《維摩詰經》云：「非垢行，非淨行，是菩薩行。」

知識！非用心時，若有妄起，思憶遠近，不須攝來。何以故？去心既是病，攝來還是病，去來皆是病。經云：「諸法無來去。」法性偏一切處，故法無去來。若有妄起即覺，覺滅即是本性無住心。

有無雙遣，境智俱亡，俱莫作意，即自性菩提。若微細心即用不著，本體空寂無有一物可得，是名阿耨菩提。《維摩詰經》云：「從無住本，立一切法，菩提光戒光，亦復如是。」自性空寂無有形相。

發心畢竟二不別，如是二心先心難，自未得度先度他，是故敬禮初發心。

初發已爲天人師，勝出聲聞及緣覺，如是發心過三界，是故得名最無上。

八

諸家借問隱而不說，我於此門都不如是，多人少人並皆普說。若於師處受得禪法，所得各自平章，唯通其心，若心得通，一切經論義無不通者。佛在日，亦有上、中、下衆生投佛出家，過去諸佛說法，皆對八部衆說，不私說、不偷說。譬如日午時無處不照，如龍王降雨平等無二，一切草木隨類受潤。諸佛說法亦復如是，皆平等心說、無分別心說，上、中、下衆各自領解。經云：「佛以一音演說法，衆生隨類各自解。」

知識！若學般若波羅蜜，須廣讀大乘經典。見諸教禪者不許頓悟，要須隨方便始悟，此是大下品之見。明鏡可以鑑容，大乘經可以正心，第一莫疑。依佛語，當淨三業，方能入得大乘。此頓門一依如來說，修行必不相誤。勤作功夫，有疑者來相問。好去！

南宗定邪正「五更轉」

一更初　妄想真如不異居，迷則真如是妄想，悟則妄想是真如。
念不起，更無餘，見本性，等空虛。
有作有求非解脫，無作無求是功夫。

二更催　大圓寶鏡鎮安臺，衆生不了攀緣病，由斯障閉不心開。
本自淨，没塵埃，無染著，絕輪迴。
諸行無常是生滅，但觀實相見如來。

三更侵　如來智慧本幽深，唯佛與佛乃能見，聲聞緣覺不知音。
處山谷，住禪林，入空定，便凝心。
一坐還同八萬劫，祇爲擔麻不重金。

四更蘭　法身體性不勞看，看則住心便作意，作意還同妄想團。
放四體，莫攢玩，任本性，自公官。
善惡不思即無念，無念無思是涅槃。

五更分　菩提無住復無根，過去捨身求不得，吾師普示不妄恩。

施法藥，大張門，去障膜，豁浮雲。
頓與衆生開佛眼，皆令見性免沈淪。
真乘實罕遇，至理信幽深，欲離相非相，還將心照心。
髻中珠未得，衣裏寶難尋，爲報擔麻者，如何不重金。

頓悟無生般若頌

無念是實相真空，知見是無生般若，般若照真達俗，真空理事皆如，此爲宗本也。夫真如無念，非念想能知；實相無生，豈生心能見！無念念者，則念總持；無生生者，則生實相；無住而住，常住涅槃；無行而行，能超彼岸。如如不動，動用無窮，念念無求，求常無念。菩提無得，得佛法身；般若無知，知一切法。即定是慧，即慧無生，無生實相真空，無行能周法界。六度自茲圓滿，道品於是無虧。我法二空，有無雙泯，不到不至，不去不來。體悟三明，心通八解，成功十力，富有七財，入不二門，權一乘理。湛然常寂，應用無方，用而無功，空而常鑑。用而不有，即是真空；真而不無，玄知妙有。妙有則摩訶般若，真空即清淨涅槃，般若通祕微之光，實相達真如之境。般若無照，能照涅槃；涅槃無生，能生般若。涅槃般若，名異體同，隨義立名，法無定相。涅槃能生般若，即名真佛法身；般若圓照涅槃，故號如來知見。知即知常空寂，見即直見無生，知見分明，不一不異，動寂俱妙，理事皆如。理淨處事能通，達事理通無礙，六根無染，定慧之功。相念不生，真如性淨，覺滅心空，一念相應，頓超凡聖。無不能無，有不能有，行住坐臥，心不動搖，一切時中，空無所得。三世諸佛，教旨如斯，菩薩大悲，轉相傳受。至於達摩，居此爲初，遞代相傳，於今不絕。所傳祕教，意在得人，如王髻珠，終不妄與。福德智慧，二種莊嚴，解行相應，方能建立。衣爲法言，法是衣宗，衣法相傳，更無別付。非衣不弘於法，非法不受於衣，衣是法信之衣，法是無生之法。無生既無虛妄，法是空寂之身，知空寂而了法身、而真解脫。

菩提達摩南宗定是非論（一卷　並序）

獨孤沛

弟子於會和上（尚）法席下，見和上與崇遠法師諸論義，便修。從開元十八、十九、廿年，其論本並不定，爲修未成，言論不同，今取廿載一本爲定。後有《師資血脈傳》，亦在世流行。

歸命三寶法，法性真如藏。真身及應身，救世大悲者。宗通立宗通，如月處虛空。唯傳頓教法，出世破邪宗。

問曰：「有何因緣而修此論？」

答曰：「我聞『心生即種種法生，心滅即種種法滅』者，一切由己，妄己即凡。古聖皆染便諍果，世情逐塊，修無生以住生，學人迷方，欲不動而飄動，是非標競□□□□差等其了議。即我襄陽神會和上，悟無生法忍，得無礙智，說上乘法誘諸衆生，教道衆生，教道迴向者，若百川赴海。於開元廿年正月十五日在滑臺大雲寺設無遮大會，廣資嚴飾，陞師子坐，爲天下學道者說：梁朝婆羅門僧學菩提達摩是南天竺國國王第三子，少小出家，智惠（慧）甚深，於諸三昧獲如來禪，遂乘斯法遠涉波潮，至於梁武帝。武帝問法師曰：『朕造寺度人，造像寫經，有何功德不？』達摩答：『無功德。』武帝凡情不了達摩此言，遂被遣出。達摩行至魏朝，便遇惠（慧）可，惠可時年四十，俗姓姬，武牢人也。遂與菩提達摩相隨至嵩山少林寺，達摩説不思議法，惠可在堂前立，其夜雪下至惠可腰，惠可立，不移處，達摩語惠可曰：『汝爲何此間立？』惠可涕淚悲泣曰：『和上從西方遠來至此，意欲説法度人，惠可今不憚損軀，志求勝法。唯願和上大慈大悲。』達摩語惠可曰：『我見求法之人咸不如此。』惠可遂取刀自斷左臂，置達摩前，達摩見之曰：『汝可在前，先字神光。』因此立名，遂稱惠可。惠可深信堅固，棄命損身，志求勝法，喻若雪山童子捨身命以求半偈，達摩遂開佛知見以爲密契，便傳一領袈裟以爲法信，授與惠可。惠可傳僧璨，璨傳道信，道信傳弘忍，弘忍傳惠能，六代相承連綿不絕。又見會和上在師子座上説：『菩提達摩南宗一門，天下便無人解；若有解者，我終不説。今日説者，爲天下學道者辨其是非，爲天下學道者定其宗旨。』見有如此不思議事，甚爲奇矚。君王有感，異瑞來祥，正法重興，人將識本，所以修論。」

※

於時有當寺崇遠法師者，先兩京名播，海外知聞，處於法會，詞若湧泉，所有問語實窮其原，提婆之後蓋乃有一，時人號之「山東遠」，豈徒然耶！遠法師乃於是日來入會中，揚眉亢聲，一欲戰勝。即時（？）人侶□卷屏風，稱有官客擬將著侍，和上言：「此屏風非常住家者，何乃拆破場，將用祇承官客。」於時崇遠法師提和上手而訶曰：「禪師喚此以爲莊嚴不？」和上答言：「是。」遠法師言：「如來說莊嚴，即非莊嚴。」和上言：「經文所說：『不盡有爲，不住無爲。』」法師重徵：「以何者不盡有爲，不住無爲？」和上答：「不盡有爲者，從初發心，坐菩提樹成正等覺，至雙林入涅槃，於其中一切法悉皆不捨，即是不盡有爲；不住無爲者，修學空，不以空爲證，修學無作，不以無作爲證，即是不住無爲。」

法師當時無言，良久乃語。法師曰：「淫怒是道，不在莊嚴。」和上語法師：「見在俗人，應是得道者。」遠法師言：「何故指俗人以爲得道？」和上言：「法師所言淫怒是道，俗人並是行淫欲人，何故不得道？」遠法師問：「禪師解否？」和上答：「解。」法師言：「解是不解。」和上言：「《法華經》云：『吾從成佛以來，經無量無邊阿僧祇劫，應是不成佛，亦應不經無量無邊阿僧祇劫。』」遠法師言：「此是魔說。」和上言：「道俗總聽，從京洛已來至於海隅，相傳皆許遠法師解義聰明，講大乘經論更無過者。今日遠法師喚《法華經》是魔說，未審何者是佛說？」法師當時自知過甚，對衆茫然。良久，欲重言，和上言：「脊梁著地，何須重起？」

※

和上語法師：「神會今設無遮大會兼莊嚴道場，不爲功德，爲天下學道者定宗旨，爲天下學道者辨是非。」

和上言：「神會若學□□□□，即是法師；法師若學神會，經三大阿僧祇劫，不能得成。」和上出語，左右慚惶，相顧無色。

然二大士雖相詰問，並皆立而未坐，所說微妙尚未盡情。時乾光法師亦師僧中之一，見遠論屈，意擬相挾，乃命是人令置牀機，更請豎宗，重開談論，遂延和上及遠法師坐，和上平生清禪，與物無競，縱欲談論，辭讓久之。

於時有府福先寺師、荷澤寺法師及餘方法師數十人，齊聲請禪師坐，咸言：

「禪師就坐。今日正是禪師辨邪正、定是非日。此間有四十餘箇大德、法師、論師，爲禪師作證義在！」和上固辭，不得已，時乃就坐。然明鏡不疲於屢照，清流豈憚於風激！勝負雖則已知，衆請固將難免。和上以無疑慮，此日當仁不讓。

遠法師重問曰：「禪師用心於三賢、十聖、四果人等，今在何地位？」和上言：「在滿足十地位。」遠法師言：「初地菩薩分身百佛世界，二地菩薩分身千佛世界，乃至十地菩薩分身無量無邊佛世界。禪師既言在滿足十地位，今日爲現少許神變。崇遠望此意執見甚深，特爲見悟至玄，所以簡詮如響。」和上言：「《大般涅槃經》云：『如來在日，祇許純陀心同如來心，□了如來□，□□□來身。』經云：『南無純陀！南無純陀！身雖凡夫，心如來佛。』□□□□□□□□□常不言自證。今日會身是凡□□□□□□□□□□□□□怪。」遠法師默然不言。和上問遠：「□□□□□□□□□□□□□□□□得□□……（此處缺失約二十字）……□□□經義者，當知是人則見□□，法師不見佛性，故言不合講。」

遠法師問：「禪師見佛性不？」和上答曰：「見。」遠法師問：「爲是比量見？爲是現量見？」和上答：「比量見。」又責問：「何者是比？何者是量？」和上答：「所言比者，比於純陀；所言量者，等純陀。」遠法師言：「禪師定見不？」和上答：「定見。」遠法師問：「作勿生見？」和上答：「無作勿生。」遠法師則默然不言，和上見默然不識此言，更不徵問。和上言：「見在道俗總聽，神會意欲得法師重問見。神會三十餘年所學功夫，唯在『見』字，法師向來問『見』，未稱神會意。神會答法師『見』，亦未盡情。更欲得法師重問見。」□□□□□亦欲得重問禪師□□是眼見？爲是□□□□□□見爲□□□□□□□□□□□□□遠法師□□□□□□□□□□和上言：「法師□□□□□□虛空□□□□□□□□□□□□虛空□□□□□□□□□□□□□□□□□□□□□□□。」

※

□□□□□□□□□□□□□□□□□□□□言□□□有般若故致□□□□□□虛空無般若□□使不得□□□遠法師言：「般若無知，何故言見？」和上言：「般若無知，無事不知，以無不知故，致使得言見。」遠法師杜口無言。

和上言：「比來法師喚禪師作無所知，今日禪師喚法師作無所知。」遠法師問：「何故喚法師作無所知？」和上言：「唯嗟法師不知定慧等學。」又問：「何者是禪師定慧等學？」和上答：「言其定者，體不可得；言其慧者，能見不可得體，湛然常寂，有恒沙之用，故言定慧等學。」

※

遠法師問：「禪師既口稱達摩宗旨，未審此禪門者，有相傳付囑，爲是得說祇沒說？」和上答：「從上已來，具有相傳付囑。」又問：「相傳付囑已來，經今幾代？」和上答：「經今六代。」遠法師□□□□□□□□□（殘缺約五、六十字）……□□□□□□□付囑璨禪師，隋朝□□□□□□□□□□□□□□信禪師在雙峯山將袈裟付囑與忍禪師，唐朝忍禪師在東山將袈裟付囑與能禪師，經今六代。內傳法契以印證心，外傳袈裟以定宗旨，從上相傳，一一皆與達摩袈裟爲信，其袈裟今見在韶州，更不與人，餘物相傳者，即是謬言。又從上已來六代，一代祇許一人，終無有二，終有千萬學徒，祇許一人承後。」

遠法師問：「何故一代祇許一人承後？」和上答：「譬如一國唯有一王，言有二者，無有是處；譬如一四天下唯有一轉輪王，言有二轉輪王者，無有是處；譬如一世界唯有一佛出世，言有二佛出世者，無有是處。」

遠法師問：「諸人總不合說禪教化衆生不？」和上答：「總合說禪教化衆生，

發起衆生一念善心者，是不可思議。昔釋迦如來在日諸□□□□□□□□□化衆生，終無有一人敢稱爲佛者。□□□□□□□□□□□□□□一代祇有一人豎立宗旨，開禪門□□□今日天下諸□□□□百餘人各立門戶繚亂□人者，從□□□□□上答：「從秀禪□□□將□□□□說禪教人，並□稱□□□□□□□□□□餘人已下，有數百餘人說禪教人，並無大小，無師資情，共爭名利，元無禀承，亂於正法，惑諸學道者，此滅佛法相也。能禪師是的的相傳付囑人，已下門徒道俗近有數餘人，無有一人敢濫開禪門，縱有一人得付囑者，至今未說。」

遠法師問：「世人將秀禪師得道果不可思議人，今日何故不許秀禪師充爲六代？」和上答：「爲忍禪師無傳授付囑在秀禪師處，縱使後得道果，亦不許充爲第六代。何以故？爲忍禪師無遙授記處，所以不許。」

遠法師問：「普寂禪師口稱第七代，復如何？」和上答：「今秀禪師實非的的相傳，尚不許充爲第六代，何況普寂禪師是秀禪師門徒，承禀充爲第七代？見中嶽普寂禪師、東嶽降魔藏禪師，此二大德□□秀禪師是第六代，未審秀禪師將□信充爲第六代？我韶州一門從上已來，排其代數，皆□達摩袈裟□□□普寂禪師在嵩山豎碑銘，立七祖堂，修《法寶紀》，排七代數。□□□□其付囑佛法並不□秀禪師已下門徒事。何以故？爲無傳授，所以不許。」

遠法師問：「秀禪師爲兩京法主、三帝門師，何故不許充爲六代？」和上答：「從達摩已下，至能和上，六代大師，無有一人爲帝師者。」

遠法師問：「未審法在衣上？將衣以爲傳法？」和上答：「法雖不在衣上，表代代相承，以傳衣爲信，令弘法者得有稟承，學道者得知宗旨不錯謬故。昔釋迦如來金蘭（襴）袈裟見在雞足山，迦葉今見持此袈裟，待彌勒出世分付此衣，表釋迦如來傳衣爲信。我六代祖師亦復如是。」

遠法師問：「未審能禪師與秀禪師是同學不？」答：「是。」又問：「既是同學，教人同不同？」答言：「不同。」又問：「既是同學，何故不同？」答：「今言不同者，爲秀禪師教人『凝心入定，住心看淨，起心外照，攝心內證』。緣此不同。」

遠法師問：「何故能禪師□□□□□□□□□□□□□□□□攝心內證□□□能禪師□□□□□□。」答：「此是□□□□□□□□□□□□□□□□□□□□□□□□□□□□□心內證□和上答：「此是愚人法。離□□□□□□□法即是能禪師□處。是故經云：『心不住內，亦不在外，是爲宴坐。如此坐者，佛即印可。』

從上六代已來，皆無有一人『凝心入定，住心看淨，起心外照，攝心內證』。是以不同。」

遠法師問：「能禪師已後，有傳授人不？」答：「有。」又問：「傳授者是誰？」和上答：「已後應自知。」

遠法師問：「如此教門豈非是佛法，何故不許？」和上答：「皆爲頓漸不同，所以不許。我六代大師一一皆言單刀直入，直了見性，不言階漸。夫學道者須頓見佛性，漸修因緣，不離是生，而得解脫。譬如母頓生子，與乳漸漸養育，其子智慧自然增長。頓悟見佛性者，亦復如是，智慧自然漸漸增長。所以不許。」

遠法師問：「嵩嶽普寂禪師、東嶽降魔藏禪師，此二大德皆教人坐禪，『凝心入定，住心看淨，起心外照，攝心內證』，指此以爲教門。禪師今日何故說禪不教人坐，不教人『凝心入定，住心看淨，起心外照，攝心內證』？何名坐禪？」和上答：「若教人坐，教人『凝心入定，住心看淨，起心外照，攝心內證』者，此是障菩提。今言坐者，念不起爲坐；今言禪者，見本性爲禪。所以不教人坐身住心入定，若指彼教門爲是者，維摩詰不應訶舍利弗宴坐。」

遠法師問：「何故不許普寂禪師稱爲南宗？」和上答：「爲秀和上在日，天下學道者號此二大師爲『南能北秀』，天下知聞，因此號遂有南北兩宗。普寂禪師實是玉泉學徒，實不到韶州，今□妄稱南宗，所以不許。」

遠法師問：「何故不許普寂禪師？」和上答：「爲普寂禪師口雖稱南宗，意擬滅南宗。」

遠法師問：「何故知意擬滅南宗？」和上歎言：「苦哉！苦哉！痛哉！痛哉！不可耳聞，何期眼見！開元二年中三月內，使荊州刺客張行昌詐作僧，取能和上頭，大師靈質被害三刀。盛續碑銘經磨兩徧，又使門徒武平一等磨卻韶州大德碑銘，別造文報，鐫向能禪師碑，□立秀禪師爲第六代，□□□□及傳袈裟所由。又今普寂禪師在嵩山豎碑銘，立七祖堂，修《法寶紀》，排七代數，不見著能禪師。□能禪師是得傳授付囑人，爲人天師，蓋國知聞，即不見著。如禪師是秀禪師同學，又非是傳授付囑人，不爲人天師，天下不知聞，有何承稟，充爲第六代？普寂禪師爲秀和上豎碑銘，立秀和上爲第六代。今修《法寶紀》，又立如禪師爲第六代。未審此二大德各立爲第六代，誰是誰非，請普寂禪師子細自思量看！」

遠法師問：「普寂禪師開法來數十餘年，何故不早較量，定其宗旨？」和上答：「天下學道者皆往決疑，問真宗旨，並被普寂禪師倚勢唱使門徒拖出，縱有疑者不敢呈問，未審爲是爲非？昔釋迦如來在日，他方諸來菩薩及諸聲聞一切諸外道等詰問如來，一一皆善具答。我韶州大師在日，一切人來徵問者，亦一一皆善具答。未審普寂禪師依何經論不許借問，誰知是非？長安三年，秀和上在京城內登雲花戒壇上，有網律師大儀□□於大衆中借問秀和上：『承聞達摩有一領袈裟相傳付囑，今在大禪師處不？』秀和上云：『黃梅忍大師傳法袈裟，今見在韶州能禪師處。』秀和上在日，指第六代傳法袈裟在韶州，口不自稱爲第六代數。今普寂禪師自稱爲第七代，妄豎秀和上爲第六代，所以不許。」

爾時和上告遠法師及諸人等：「莫怪作如此說，見世間教禪者多，於學禪者極其繚亂，恐天魔波旬及諸外道入在其中，惑諸學道者滅於正法，故如此說。久視年，則天召秀和上入內，臨發之時，所是道俗頂禮和上，借問：『和上入內去後，所是門徒若爲修道？依止何處？』秀和上云：『韶州有大善知識，元是東山忍大師付囑，佛法盡在彼處。汝等諸人如有不能自決了者，向彼決疑，必是不可思議，即知佛法宗旨。』又普寂禪師同學，西京清禪寺僧廣濟，景龍三年十一月至韶州，歷十餘日，遂於夜半入和上房內，偷所傳袈裟，和上喝出，其夜惠達師、玄悟師聞和上喝聲，即起看，至和上房外，遂見廣濟師把玄悟師手，不遣作聲，其玄悟師、惠達師入和上房看和上，和上云：『有人入房內，申手取袈裟。』其夜所是南北道俗並至和上房內，借問和上：『入來者是南人？北人？』和上云：『唯見有人入來，亦不知南人、北人。』衆人又問：『是僧？是俗？』『亦不知是僧、是俗。』和上的的知，恐畏有損傷者，遂作此言。和上云：『非但今日，此袈裟在忍大師處三度被偷。忍大師言：其袈裟在信大師處一度被偷。所是偷者，皆偷不得。因此袈裟，南北道俗極甚紛紜，常有刀棒相向。』」

遠法師問曰：「普寂禪師名字蓋國，天下知聞，衆口共傳爲不可思議。何故如此苦相非斥？豈不與身命有讎？」和上答曰：「讀此論者，不識論意，謂言非斥。普寂禪師與南宗有別，我自料簡是非定其宗旨，我今爲弘揚大乘建立正法，令一切衆生知聞，豈惜身命！」遠法師問：「修此論者不爲求名利乎？」和上答曰：「修此論者，生命尚不惜，豈以名利關心？」

遠法師問：「唐國菩提達摩既稱其始，菩提達摩復承誰後？又經幾代？」和上答：「菩提達摩西國承僧伽羅叉，僧伽羅叉承須婆蜜，須婆蜜承優婆崛，優婆崛承舍那婆斯，舍那婆斯承末田地，末田地承阿難，阿難承迦葉，迦葉承如來付。唐國以菩提達摩而爲首，西國以菩提達摩爲第八代。西國有般若蜜多羅承菩提達摩後，唐國有惠可禪師承菩提達摩後，自如來付西國與唐國，總經有一十三代。」遠法師問：「據何得知菩提達摩在西國爲第八代？」和上答：「據〈禪經序〉中具明西國代數。又惠可禪師親於嵩山少林寺問菩提達摩西國相承者，菩提達摩答，一如〈禪經序〉所說。」

遠法師問：「西國亦傳衣不？」答：「西國不傳衣。」問：「西國何故不傳衣？」答：「西國爲多是得聖果者，心無矯詐，唯傳心契；漢地多是凡夫，苟求名利，是非相雜，所以傳衣定其宗旨。」

※

遠法師問曰：「禪師修何法，行何行？」和上答：「修般若波羅蜜法，行般若波羅蜜行。」遠法師問：「何以不修餘法，不行餘行，唯獨『修般若波羅蜜法，行般若波羅蜜行』？」和上答：「修學般若波羅蜜法，能攝一切法；行般若波羅蜜行，是一切行之根本。金剛般若波羅蜜，最尊最勝最第一。無生無滅無去來，一切諸佛從中出。」

和上言：「告諸知識！若欲得了達甚深法界，直入一行三昧者，先須誦持《金剛般若波羅蜜經》，修學般若波羅蜜法。何以故？誦持《金剛般若波羅蜜經》者，當知是人不從小功德來。譬如帝王生得太子，若同俗例者，無有是處。何以故？爲從最尊最貴處來。誦持《金剛般若波羅蜜經》者亦復如是。是故《金剛般若波羅蜜經》云：『不於一佛、二佛、三、四、五佛而種善根，已於無量百千萬億佛所種諸善根，得聞如是言説章句，乃至一念生淨信者，如來悉知悉見。何況書寫、受持、誦讀、爲人演説？』是故《勝天王般若經》云：『云何菩薩摩訶薩學般若波羅蜜，通達甚深法界？』佛告勝天王言：『大王！即是如實。』『世尊！云何如實？』『大王！即不變異。』『世尊！云何不變異？』『大王！所謂如如。』『世尊！云何如如？』『大王！此可皆知，非言能説。何以故？過諸文字，無上無彼，離相無相，遠離思量，過覺境觀，是爲菩薩了達甚深法界。』

般若波羅蜜無有一法可爲譬喻，若善男子、善女人信受《金剛般若波羅蜜經》者，所獲功德不可思量，若此功德有色有形者，空界不可容。以般若波羅蜜如實見，名爲證；以智通達，名爲至。假使一切衆生皆住十地，入諸三昧觀，如來定不能測量。

善知識！必須誦持《金剛般若波羅蜜經》，此經號爲一切諸佛母經，亦是一切諸法祖師，恒沙三昧、八萬四千諸波羅蜜門，皆從般若波羅蜜生。必須誦持此經，何以故？般若波羅蜜是一切法之根本。譬如大摩尼寶在於大海之內，大海之內所有一切諸寶皆因摩尼寶力而得增長。何以故？是大寶威德力故。修學般若波羅蜜者亦復如是，一切智慧皆因般若波羅蜜而得增長。

若不誦《般若波羅蜜經》者，譬如皇太子捨其父王，於他人處而求得王位者，無有是處。故《小品經》云：『復次，須菩提！諸經不能至薩婆若，若菩薩捨般若波羅蜜而讀誦之，是菩薩捨本而取枝葉。』是故《勝天王般若經》云：『佛告勝天王言：菩薩摩訶薩修學一法通達一切法者，所謂般若波羅蜜。般若波羅蜜亦號為一切諸佛祕密藏，亦號為總持法，亦是大神咒、是大明咒、是無上咒、是無等等咒，能除一切苦，真實不虛。三世諸佛皆因般若波羅蜜多故，得阿耨多羅三藐三菩提。』是故《金剛般若波羅蜜經》云：『舉恒河中沙，一沙為一恒河，爾許恒河沙數三千大千世界七寶布施，不如於此經中乃至受四句偈等，如此功德勝前福德百分不及一，百千萬億分，乃至算數譬喻所不能及。』

諸學道者！《金剛般若波羅蜜經》隨所在之處，一切世間、天人、阿修羅悉皆供養。何以故？為此經在處，在處即尊，經在人，人亦貴。何以故？誦持《金剛般若波羅蜜經》者，爲能成就最上第一希有之法故，在在處處若有《金剛般若波羅蜜經》卷，一切諸佛恭敬《般若波羅蜜經》卷，如佛弟子敬佛。何以故？經云：『諸佛之師，所謂法也。以法常故，諸佛亦常。』是故《金剛般若波羅蜜經》云：『初日分以恒河沙等身命布施，中日分復以恒河沙等身命布施，後日分亦以恒河沙等身命布施，如是無量百千億劫以身布施，不如聞此經典信心不違，何況書寫、受持、爲人解說？是故《金剛般若波羅蜜經》者，如來爲發大乘者說，爲發最上乘者說。』何以故？譬如大龍不雨閻浮提，若雨閻浮提，如漂棄葉；若雨於大海，其海不增不減。故若大乘者、若最上乘者，聞說《金剛般若波羅蜜經》，不驚、不怖、不畏、不疑者，當知是善男子、善女人從無量久遠劫來，常供養無量諸佛及諸菩薩，修學一切善法，今日得聞般若波羅蜜不生驚疑。

是故經云：『若人滿三千大千世界，用一切珍寶造七寶塔，高於梵天，不如誦持《金剛般若波羅蜜經》，修學般若波羅蜜；若人教化三千大千世界微塵數衆生盡證須陀洹果，不如誦持《金剛般若波羅蜜經》；若人教化三千大千世界微塵數衆生盡證斯陀含果，不如誦持《金剛般若波羅蜜經》；若人教化三千大千世界微塵數衆生盡證阿那含果，不如誦持《金剛般若波羅蜜經》；若人教化三千大千世界微塵數衆生盡證阿羅漢果，不如誦持《金剛般若波羅蜜經》；若人教化三千大千世界微塵數衆生盡證辟支佛道，不如誦持《金剛般若波羅蜜經》；若人教化三千大千世界微塵數衆生盡證得十信心，盡證得十住心、盡證得十行心、盡證得十迴向心，不如誦持《金剛般若波羅蜜經》。何以故？是經有不可思議、不可稱量、無有邊、不可思議功德，爲能成就諸佛甚深無上智慧故。』

故告諸知識！若人犯阿鼻地獄一切極惡重罪，無處懺悔而不能得滅者，必須誦持《金剛般若波羅蜜經》，修學般若波羅蜜，當知是人其罪即滅。何以故？譬如一切雜色之鳥至須彌山下，發心□與山同共一色。何以故？是山威德之故。誦持《金剛般若波羅蜜經》威德力故，亦復如是。

諸知識誦持《金剛般若波羅蜜經》，而不能得入一行三昧者，爲先世重罪業障故，必須誦持此經，以此經威德力故，感得世人輕賤，現世輕受，以輕受故，以輕賤故，先世重罪業障即爲消滅，以消滅故，即得入一行三昧。是故《勝天王般若經》云：佛告文殊師利：『若四天下悉爲微塵，彌許塵數諸佛如來，若有惡人皆悉殺害，文殊師利，於意云何，是人得罪多不？』文殊師利菩薩白佛言：『世尊！此罪不可聞、不可計、不可思量。』佛告文殊師利菩薩：『若復有人障礙此修多羅，毀謗不信，其罪重彼百分不及一，千分、萬分不及一，乃至算數譬喻所不能及。』是故《金剛般若波羅蜜經》云：佛自言：『我念過去無量阿僧祇劫於然（燃）燈佛前，得值八萬四千億那由他諸佛及佛弟子，一一供養承事，無空過者，而不能得受菩提記。何以故？爲有所得。及後於然燈佛所得菩提記者，爲讀誦《金剛般若波羅蜜經》，修學般若波羅蜜，獲無所得，得菩提記，今得成佛，號釋迦牟尼。若將供養諸佛功德較量誦持此《金剛般若波羅蜜經》及爲他人說所得功德，百分不及一，百千萬億分，乃至算數譬喻所不能及。』是故《勝天王般若經》云：『大王！譬如四大依虛空立，空更無依。煩惱亦爾，依此法性，法性無依。大王！菩薩摩訶薩學般若波羅蜜，如實觀知。』

《勝天王般若經》云：『無量阿僧祇劫三千大千世界微塵，一塵爲一三千大千世界，爾許微塵數三千大千世界滿中七寶，積至阿迦尼仛天，布施微塵數三千大千世界爾許聖人，功德多不？』文殊師利菩薩言：『世尊！前之福德已不可思量，況此功德？』佛告文殊師利菩薩：『若善男子、善女人流通此《般若波羅蜜經》，爲他人宣說，此功德勝彼百分不及一，千萬分不及一，乃至算數譬喻所不能及。』是故《金剛般若波羅蜜經》云：『須菩提！若人以滿無量阿僧祇世界七寶持用布施，若有善男子、善女人發菩薩心者，誦持此經爲人演說，其福勝彼。云何爲人演說？不取於相。』云何不取於相？所謂如如。云何如如？所謂無念。云何無念？所謂不念有無，不念善念，不念有邊際無邊際，不念有限量無限量，不念菩提，不以菩提爲念，不念涅槃，不以涅槃爲念，是爲無念。是無念者，即是般若波羅蜜，般若波羅蜜者，即是一行三昧。

諸善知識！若在學地者，心若有念起即便覺照，起心既滅覺照自亡，即是無念。是無念者即無一境界，如有一境界者即與無念不相應。故諸知識！如實見者，了達甚深法界，即是一行三昧。是故《小品般若波羅蜜經》云：『善男子！是爲般若波羅蜜，所謂於諸法無所念，我等住於無念法中，得如是金色身三十二相大光明不可思議智慧，諸佛無上三昧無上智慧，盡諸功德邊，是諸功德諸佛說之猶不能盡，何況聲聞、辟支佛能知？』見無念者，六根無染；見無念者，得向佛知見；見無念者，名爲實相；見無念者，中道第一義諦；見無念者，恒沙功德一時等備；見無念者，能生一切法；見無念者，能攝一切法。」

※

和上於大衆中法座上高聲言：

「我今能了如來性，如來今在我身中。

我與如來無差別，如來即我真如海。

敬白十方諸佛、諸大菩薩摩訶薩、一切賢聖：

今捨身命修《頓悟最上乘論》者，願一切衆生聞讚歎金剛般若波羅蜜，決定深信，堪任不退故。

今捨身命，願盡未來劫常讚歎金剛般若波羅蜜，願一切衆生聞讚歎般若波羅蜜者，即能讀誦、受持，堪任不退故。

今捨身命，願盡未來劫常讚歎金剛般若波羅蜜，願一切衆生聞讚歎般若波羅蜜者，即能決定修行般若波羅蜜，堪任不退故。

願我盡未來劫，常捨身命供養金剛般若波羅蜜。

願我堪爲般若波羅蜜主，常爲一切衆生說金剛般若波羅蜜。

願一切衆生聞說金剛般若波羅蜜，獲無所得。

願我盡未來劫，爲一切衆生常捨身命守護金剛般若波羅蜜。願一切衆生依般若波羅蜜故，獲無所得，一時成佛。」

※

和上問遠法師言：「曾講《大般涅槃經》不？」法師言：「講《大般涅槃經》數十徧。」和上言：「一切大小乘經論說：『衆生不解脱者，緣有生滅二心。』又《涅槃經》云：『諸行無常，是生滅法；生滅滅已，寂滅爲樂。』未審生之與滅可滅不可滅？爲是將生滅滅？爲是將滅滅生？爲是生能自滅生？爲是滅能自滅滅？請法師一一具答。」法師言：「亦見諸經論作如是說，至於此義實不能了；禪師若了此義，請爲衆說。」和上言：「不辭爲説，恐無解者。」法師言：「道俗有一萬餘人，可無有一人解者？」和上言：「看，見不見？」法師言：「見是没？」和上言：「果然不見。」法師既得此語，結舌無對，非論一己屈詞，抑亦諸徒失志。勝負既分，道俗嗟散焉。

和上禪池慧水，引長潤於心源，戒藏慈燈，照圓明於身域，指授不思議法，爲無所爲，稱讚離相法門，説無所説。六念九次，實理心融，三藏五乘，真如體解，故得入講論處，邪幢必摧，定是非端，勝幡恒建。若彼空山谷響，任無起以同聲，明鏡分形，鑑有色而開相。某乙叨陪學侶，濫預門徒，不揆庸虛，敢申愚拙，比年道業，希得卻亡，言此法門，息求而得。約無住之理，理上住義宛然，起有見之法，法中見心安在？迷樂之日，樂中之苦昔時；悟苦之時，苦中之樂今日。每恨不逢激勵，更叨讚揚，謹錄所聞，藏之篋笥。

發心畢竟二不別，如是二心先心難。自未得度先度他，是故我禮初發心。
初發已為天人師，勝出聲聞及緣覺。如是發心過三界，是故得名最無上。

※

言〈菩提達摩南宗定是非論〉者，敘六代大德師師相授，法印相傳，代代相承，本宗無替。自達摩大師之後，一代祇許一人，中間儻有二三，即是謬行佛法。況今天下教禪者無數，學禪者全稀，並無稟承，憑何立教？徒以雞鳳相誑，蒲脯成欺，飾魚目以充珍，將夜光而爲寶。我和上屬正法陵遲之日，邪法繚亂之時，知欲行後醫之本方，當棄先醫之乳藥，重揚真教，息世云云。知摸珠者非珠，空尋水月；見學道者非道，徒向寶山；誠弄影而勞形，實揚聲而心響。所以修論，聊欲指南，使大道洽於蒼生，正法流於天下。其論先陳激揚問答之事，使學者辯於疑者；後敍師資傳授之言，斷除疑惑。審詳其論，不可思議，聞者皆言昔者未聞，見者皆言昔者未見。斯乃宅中寶藏忽爾自開，苦海津染不期而至矣。

嗚呼！六代傳信，今在韶州，四輩學徒，空遊嵩嶺，可謂魚遊於水，布網於高山。於時有同學相謂曰：「嵩山寂和上，一佛出世，帝王之師，天下仰德，四海皈依，何人敢是？何人敢非？」又同學中有一長老答曰：「止！如此之事非汝所知，如此之事非汝所能及。汝但知貴耳賤目，重古輕今，信識涓流，寧知巨海？我和上承六代之後，付囑分明，又所立宗體與諸家不等。」衆人彈指，皆言：「善哉！有何差別？」答曰：「更不須子細。和上言教，指授甚深，不可以智知，不可以識識，縱使三賢、十聖，孰辨淺深？聲聞緣覺，莫知涯際。去開元二十年正月十五日共遠法師論議，心地略開，動氣陵雲，發言驚衆。道俗相謂：『達摩後身，所是對問宏詞。』因即編之爲論。」

論云：「今日設無遮大會，非爲功德，爲天下學者定是非，爲天下用心者辨邪正。」是非邪正具載明文，並敍本宗傳之後代，雖寂和上在世□濟羣生，爲與曹溪不同，所以南宗敍論。今日罕聞是事，喜躍難勝，聊自課虛，以成其讚：

論之標首，達摩大師。次敘正宗，光讚本枝。梁朝興日，天竺來儀。
遺言我法，六後陵遲。其道玄遠，人莫能知。唯我和上，今日行之。
論稱六代，代有一人。但以心契，法無有親。唯有大事，四海之珍。
遞相付囑，非不殷懃。袈裟表信，息世疑津。天下無比，誰與為鄰？
大乘大論，流行四方。法幢再建，慧日重光。愛河舟楫，苦海津梁。
聞者見者，得悟真常。大道行矣，正教其昌。無我無人，善惡不亡。
敬尋斯論，妙理玄通。先陳問答，後敘正宗。無念無能，言空不空。
非色非相，無德無功。達人乃見，有緣始逢。禪門頓教，諸家不同。
論之興也，開元二十。比日陵遲，今年法立。本元清淨，非關積習。
彼岸坐登，禪門頓入。德超河洛，芳流京邑。朗月孤懸，眾星無及。

荷澤神會大師語錄

編案：本語錄係以鈴木大拙校訂本為主，惟第一則「欠頭」部分補以劉澄集《南陽和尚問答雜徵義》，第五十七～六十二則為胡適本較鈴木大拙本多出之文字。另文內脫字或字義不清者因參考胡適本予以修訂，以利讀者閱讀方便。若欲知其原文，則宜參考胡適《神會和尚遺集》及鈴木大拙校訂本。

01、作本法師問「本有今無」偈。

問：「本有今無，本無今有，三世有法，無有是處。其義云何？」

答曰：「蒙法師問，神會於此亦疑。」

又問：「疑是沒勿？」

答：「自從佛法東流已來，所有大德皆斷煩惱爲本，所以生疑。」

問：「據何道理，疑煩惱爲本？」

又答：「據《涅槃經、第九菩薩品》，文殊師利言：『純陀心疑如來常住，以得知見佛性力故，若見佛性而爲常者，本未見時應是無常，若本無常，後亦應爾。何以故？世間物，本無今有，已有還無，如是等物悉皆無常。』驗此經文，文殊所騰純陀疑者，即疑佛性非常住法，不問煩惱，何故古今大德皆斷煩惱爲本？所以生疑。」

問：「本有今無偈，其義云何？」

答：「《涅槃經》云：『本有者，本有佛性；今無者，今無佛性。』」

問：「既言本有佛性，何故復言今無佛性？」

答：「今言無佛性者，爲被煩惱蓋覆不見，所以言無。『本無今有』，本無者，本無煩惱；今有者，今日具有煩惱，縱使恆沙大劫，煩惱亦是今有。故言三世有法，無有是處者，所謂佛性不繼於三世。」

問：「何故佛性不繼三世？」

答：「佛性體常故，非是生滅法。」

問：「是勿是生滅法？」

答：「三世是生滅法。」

問：「佛性與煩惱俱不俱？」

答：「俱，雖然俱，生滅有來去，佛性無來去。以佛性常故，猶如虛空，明闇有來去，虛空無來去，以是無來去故，三世無有不生滅法。」
問：「佛性與煩惱既俱，何故獨斷煩惱非本？」
答：「譬如金之與鑛俱時而生，得遇金師鑪冶烹煉，金之與鑛當各自別，金則百煉百精，鑛若再煉變成灰土。《涅槃經》云：『金者喻於佛性，鑛者喻於煩惱。』諸大乘經論，具明煩惱爲客塵，所以不得稱之爲本。若以煩惱爲本，煩惱爲是闇，如何得明？《涅槃經》云：『祇言以明破闇，不言以闇破得明。』若闇破明，即應經論共傳，經論既無，此法從何而立？若以煩惱爲本，不應斷煩惱而求涅槃。」
問：「何故經云：『不斷煩惱而入涅槃？』計煩惱性本自無斷。」
答：「指煩惱性即是涅槃，不應勸衆生具修六波羅蜜，斷一切惡，修一切善。以煩惱爲本，即是棄本逐末。《涅槃經》云：『一切衆生，本來涅槃，無漏智性，本自具足。又譬如木性、火性俱時而生，得值燧人鑽搖，火之與木當時各自。經云：『木者喻於煩惱，火者喻於佛性。』《涅槃經》云：『以智火燒煩惱薪。』經云：『智慧即佛性。』故知諸經具有此文，明知煩惱非本。」
問：「何故《涅槃經．第十五梵行品》說：『本有者，本有煩惱；今無者，今無大般涅槃。本無者，本無摩訶般若；今有者，今有摩訶般若？』」答：「爲對五蘊色身故，所以説煩惱爲本。又經云：佛言：『善男子！爲化度衆生故而作是説，亦爲聲聞、辟支佛而作是説。』又〈第三十六憍陳如品〉梵志問佛：『身與煩惱何者於先？』佛言：『身在先亦不可，煩惱在先不可，身與煩惱俱亦不可。要因煩惱然始有身。』驗此經文，故知煩惱與身爲本，非謂對佛性也。又經云：『有佛性故，得稱爲常；以常故，得稱爲本。』非是本無今有。第十五卷云：『佛性者，無得無生。何以故？非色非不色，不長不短，不高不下，不生不滅故，以不生滅故，得稱爲常，以常故，得稱爲本。』第十九云：『如闇室中有七寶，人亦不知所，爲闇故不見。智者之人，然大明燈持往照燎，悉得見之，是人見此七寶，終言今有。佛性亦非今始有，以煩惱闇故不見，謂言本無今有。亦如盲人不見日月，得值良醫療之，即便得見，謂言日月本無今有，以盲故不見，日月本自有之。』第廿五云：『一切衆生，未來之世，定得阿耨菩提，是名佛性。一切衆生，現在有煩惱諸結，是故不見，謂言本無。』又第十九云：『有佛無佛，性相常住，以諸衆生煩惱覆故，不見涅槃，便謂爲無。當知涅槃是常住法，非本無今有。佛性者，非蘊界入，非本無今有，非已有還無，從善因緣，衆生得見佛性，以得見佛性故，當知本自有之。』」

問：「既言本自有之，何不自見，要藉因緣？」

答：「猶如地下有水，若不施功掘鑿，終不能得。亦如摩尼之寶，若不磨治，終不明淨，以不明淨故，謂言非寶。《涅槃經》云：『一切衆生，不因諸佛菩薩真善知識方便指授，終不能得。』若自見者，無有是處。以不見故，謂言本無佛性。佛性者，非本無今有也。」

02、真法師問：「云何是常義？」

答：「無常是常義。」

問：「今問常義，云何答無常是常義？」

答：「因有無常，而始說常；若無無常，亦無常義。以是義故，得稱爲常。何以故？譬如長因短生，若其無長，短亦不立。事既同故，義亦何殊？又法性體不可得是常義，又虛空亦是常義。」

問：「何故虛空是常義？」

答：「虛空以無大小，亦無中邊，是故稱爲常義。謂法性體不可得，是不有；

能見不可得體，湛然常寂，是不無，是爲常義。若準有無而論，有而不有，無而不無；若約法性體中，於無亦不無，於有亦不有，恆沙功德本是具足，此是常義。又不大不小是常義，謂虛空無大，不可言其大；虛空無小，不可言其小。今言大者，乃是小家之大；今言小者，乃是大家之小。此於未了人，以常、無常而論，若約法性體，無常無無常，故得稱爲常。」

03、戶部尚書王趙公偈問三車義：「宅中無三車，露地唯得一。不知何所用，而說此三車？」

答：「三車在門外，說即在宅中。諸子聞說時，已得三車訖。」

問：「今者在門外，先是乘車出。宅中既得車，出外何須索？」

答：「諸子雖得訖，不知車是車。既不自證知，所以門外索。」

問：「何處有人得道果，豈不自知乎？」

答：「下文自證，所得功德不自覺知。」

問：「諸子不自知，容可門外索。父應知子得，何須更與車？」

答：「爲子不自知，所以門外索。長者今與車，還是先與者。」

問：「三車本無實，所說乃權宜。與者是舊車，那應得假物？」
答：「長者意在一，方便權說三。前者說三車，三車本是一。」
問：「一車能作三，三車能作一。何不元說一，辛苦說三車？」
答：「若爲迷人說，三便作三車。若約悟人解，即三本是一。」

04、崔齊公問：「禪師坐禪，一定以後，得幾時出定？」
答：「神無方所，何有定乎？」
問：「既言無定，何名用心？」
答：「我今定尚不立，誰道用心？」
問：「心定俱無，若爲是道？」
答：「道祇沒道，亦無若爲道。」
問：「既無若爲道，何處得祇沒道？」
答：「今言祇沒道，爲有若爲道；若言無若爲，祇沒亦不存。」

05、盧山簡法師問：「何者是中道義？」

答：「邊義即是。」

問：「今問中道義，何故答邊義是？」

答：「今言中道者，要因邊義立；若其不立邊，中道亦不立。」

06、禮部侍郎蘇晉問：「何者是大乘？何者是最上乘？」

答：「菩薩即是大乘，佛乘即最上乘。」

問：「大乘、最上乘有何差別？」

答：「言大乘者，如菩薩行檀波羅蜜，觀三事體空，乃至六波羅蜜亦復如是，故名大乘；最上乘者，但見本自性空寂，即知三事本來自性空，更不復起觀，乃至六度亦然，是名最上乘。」

又問：「假緣起否？」

答：「此中不立緣起。」

問：「若不立緣起，云何得知？」

答：「本空寂體上，自有般若智能知，故不假緣起；若立緣起，即有次第。」

問：「然則更不假修一切行耶？」

答：「若得如此見者，萬行俱備。」
問：「見此性人，若起無明，成業結不？」
答：「雖有無明，不成業結。」
問：「何得不成？」
答：「但見本性清淨體不可得，即業結本自不生。」

07、潤州刺史李峻問曰：「見有一山僧禮拜嵩山安禪師，言『趁粥道人』；又一授記寺僧禮拜安禪師，言『惜粥道人』，問此二若爲？」
答：「此二俱遣。」
問：「作没生遣？」
答：「但離即遣。」
問：「作没生離？」
答：「我今祇没離，無作没生離。」
問：「爲復心離？爲是眼離？」
答：「今祇没離，亦無心眼離。」

問：「心眼俱不見，應是盲人？」

答：「自是盲者唱盲，他家見者，元來不盲。經云：『是盲者過，非日月咎。』」

08、張燕公問：「禪師日常說無念法，勸人修學，未審無念法有無？」

答：「無念法不言有，不言無。」

問：「何故無念不言有無？」

答：「若言其有者，即不同世有；若言其無者，不同世無。是以無念不同有無。」

問：「喚作是沒勿？」

答：「不喚作是勿。」

問：「異沒時作勿生？」

答：「亦不作勿生。是以無念不可說，今言說者，爲對問故，若不對問，終無言說。譬如明鏡，若不對像，鏡中終不現像。爾今言現像者，爲對物故，爾所以現像。」

問：「若不對像，照不照？」
答：「今言對照者，不言對與不對，俱常照。」
問：「既言無形像，復無言說，一切有無皆不可立。今言照者，復是何照？」
答：「今言照者，以鏡明故，有自性照以，若以衆生心淨，自然有大智慧光，照無餘世界。」
問：「既若如此，作没生時得？」
答：「但見無。」
問：「既無，見是物？」
答：「雖見，不喚作是物。」
問：「既不喚作是物，何名爲見？」
答：「見無物即是真見常見。」

09、和上問遠法師言：「曾講《大般涅槃經》不？」
遠法師言：「講《大般涅槃經》數十徧。」
和上又言：「一切大小乘經論說，衆生不解脫者，爲緣有生滅二心。《涅槃經》

云：『諸行無常，是生滅法。生滅滅已，寂滅爲樂。』未審生之與滅，可滅不可滅？爲是將生滅滅？爲是將滅滅生？爲是生能自滅生？爲是滅能自滅滅？請法師一一具言答。」

遠法師言：「亦見諸經論作如此說，至於此義，實不能了；禪師若了此義，請爲衆說。」

和上言：「不辭爲說，恐無解者。」

法師言：「道俗有萬餘人，可無一人能解？」

和上言：「看，見不見？」

法師言：「見是沒？」

和上言：「果然不見。」

遠法師既得此語，結舌無對，非論一己屈詞，抑亦諸徒失志。勝負既分，道俗嗟散。

10、和上問澄禪師：「修何法而得見性？」

答：「先須學坐修定，得定以後，因定發慧，以智慧故，即得見性。」

問：「修定之時，豈不要須作意不？」

答：「是。」

問：「既是作意，即是識定，若爲得見性？」

答：「今言見性者，要須修定；若不修定，若爲見性？」

問：「今修定者，元是妄心，妄心修定，如何得定？」

答：「今修定得定者，自有內外照，以內外照故，得見淨，以心淨故，即得見性。」

問：「今言見性者，性無內外，若言因內外照，元見妄心，若爲見性？經云：『若學諸三昧，是動非坐禪，心隨境界流，云何名爲定？』若指此定爲是者，維摩詰即不應訶舍利弗宴坐也。」

11、和尚問諸學道者：「今言用心者，爲是作意？不作意？若不作意，即是聾俗無別；若言作意，即是有所得，以有所得者，即是繫縛故，何由可得解脫？聲聞修空住空即被空縛，若修定住定即被定縛，若修靜住靜即被靜縛，若修寂住寂即被寂縛。是故《般若經》云：『若取法相，即著我、人、衆生、壽者。』又《維摩詰經》云：『調伏其心者，是聲聞法；不調伏心者，是愚人法。』仁者既用心，是調伏法，若調伏法，何名解脫者？須陀洹亦調伏，斯陀含亦調伏，阿那含、阿羅漢亦調伏，非想定及非非想亦調伏，四禪亦調伏，若爲鑑別？若如此定者，並未解脫。」

12、神足師問：「真如之體以是本心，復無青黃之相，如何可識？」
答：「我心本空寂，不覺妄念起，若覺妄念者，覺妄自俱滅，此則識心者。」
問：「雖有覺照，還同生滅，今說何法得不生滅？」
答：「祇由心起故，遂有生滅，若也起心既滅，即生滅自除，無相可得，假說覺照，覺照已滅，生滅自無，生即不生滅。」

13、崇遠法師問：「云何爲空？若道有空，空還質礙；若說無空，即何所皈依？」
答：「祇爲未見性，是以說空；若見本性，空亦不有。如此見者是名皈依。」

14、和上告諸知識：「若欲得了達甚深法界，直入一行三昧者，先須誦持《金剛般若波羅蜜經》，修學般若波羅蜜。《金剛般若波羅蜜經》云：『須菩提！若有人以滿無量阿僧祇世界七寶持用布施，若有善男子、善女人發菩提心者，於此經中，乃至四句偈等，受持、讀誦，爲人演説，其福勝彼。云何爲人演説？不取於相。』云何不取於相？所謂如如。云何如如？所謂無念。云何無念？所謂不念有無，不念善惡，不念有邊際、無邊際，不念有限量、無限量；不念菩提，不以菩提爲念；不念涅槃，不以涅槃爲念，是爲無念；是無念者，即是般若波羅蜜；般若波羅蜜者，即是一行三昧。諸知識，若在學地者，心若有念，即便照覺，若也起心即滅，覺照自亡，即是無念。是無念者，無一切境界，如有一切境界，即與無念不相應故。諸知識！如實見者，了達甚深法界，即是一行三昧。是故《小品般若經》云：『善男子！是爲般若波羅蜜，所謂於諸法無所念，我等住於無念法中，得如是金色身、三十二相、大光明、不可思議智慧、諸佛無上三昧、無上智慧，盡諸功德，諸佛説之猶不能盡，何況聲聞、辟支佛？』能見無念者，六根無染；見無念者，得向佛智；見無念者，名爲實相；見無念者，中道第一義諦；見無念者，恒沙功德一時等備；見無念者，能生一切法；見無念者，能攝一切法。」

15、侍郎苗晉卿問：「若爲修道得解脫？」

答：「得無住心，即得解脫。」

侍郎云：「若爲得無住？」

答：「《金剛經》具有明文。」

又問：「《金剛經》道没語？」

答：「經云：『復次，須菩提！諸菩薩摩訶薩應如是生清淨心，不應住色生心，不應住聲、香、味、觸、法生心，應無所住而生其心。』但得無住心，即得解脫。」

侍郎問：「無住若爲知無住？」

答：「無住體上自有本智，以本智能知，當令本智而生其心。」

16、魏郡乾光法師問：「何者是佛心？何者是衆生心？」

答：「衆生心是佛心，佛心即是衆生心。」

問：「衆生心與佛心既無差別，何故言衆生言佛？」

答：「若約不了人論，有衆生有佛；若其了者，衆生心與佛心元不別。」

問：「常聞禪師說法與天下不同，佛法一種，何故不同？」

答：「若是佛法元亦不別，爲今日學者各見淺深有別，所以言道不同。」

問：「請爲說不同所由？」

答：「今言不同者，爲有凝心取定，或有住心看淨，或有起心外照，或有攝心內證，或有起心觀心而取於空，或有起覺滅妄、妄滅住覺爲究竟，或有起心而同於空，或有覺妄俱滅、不了本性、住無記空，如此之輩，不可具說。如此，本性虛無之理，時人不了，隨念而成，以是不同。非論凡夫，如來說無爲一法，一切賢聖而有差別，何況今日一切諸學道者，若爲得同？」

問曰：「《金剛經》中四句偈義，何者是？」

答曰：「見諸法師說四句偈者，或以八字爲句，三十二字爲四句，或以五字爲句，或以四字爲句，或有人取經後『一切有爲法』偈爲四句，或有人取『若以色見我』偈爲四句偈義，無著菩薩云：『廣大第一常，其心不顛倒。』爲四句義，或有人取『無我相、無人相、無衆生相、無壽者相』爲四句偈義。今即不然，何以故？因有我相，始言無我相；因有人相，始言無人相；因有衆生相，始言無衆生相；因有壽者相，始言無壽者相。今看此義即不然，何以故？無無我相，無無人相，無無衆生相，無無壽者相，是名真四句偈義。見《大智度論》云：『般若波羅蜜，喻如大火聚，四面不可取，以不可取，是名真取。』此即真四句義。」

17、鄭璿問曰：「云何是道？」

答曰：「無名是道。」

問曰：「道既無名，何故言道？」

答：「道終不自言，言其道者，爲對問故。」

問：「道既假名，無名是真不？」

答：「亦非真。」

問：「無名既非真，何故言無名是？」

答：「爲有問故，始有言說；若無有問，終無言說。」

18、乾光法師問：「《金剛經》云：『若有善男子、善女人，受持、讀誦此經，若爲人輕賤，是人先世罪業應墮惡道，以今世人輕賤故，是人先世罪業則爲消滅。』其義云何？」

答：「持經之人合得一切人恭敬禮拜，今日雖且得經讀誦，爲未持經以前所有重罪業障，今日持經威得力故，感得世人輕賤，能令持經人所有重罪業障悉皆消滅，以得消滅故，即得阿耨多羅三藐三菩提也。又有義理解云：『先世罪業者，喻前念起妄心；今世人輕賤者，喻後念齊覺。後覺爲悔前妄心，若前心既滅，後悔亦滅，二念俱滅既不存，即是持經功德具足，即是阿耨多羅三藐三菩提。』又云：『後覺喻輕賤者，爲是前念起妄心，若起後覺亦是起心，雖名作覺，覺亦不離凡夫，故喻世人輕賤也。』」

19、哲法師問：「云何是『定慧等』義？」

答：「念不起，空無所有，名爲正定；能見念不起，空無所有，名爲正慧。若得如是，即定之時名爲慧體，即慧之時即是定用，即定之時不異慧，即慧之時不異定，即定之時即是慧，即慧之時即是定，即定之時無有定，即慧之時無有慧。何以故？性自如故。是名定慧等學。」

20、嗣道王問：「無念法者，爲是凡夫修？爲是聖人修？若是聖人修，何故勸凡夫修無念法？」

答：「無念法是聖人法，凡夫若修無念法者即非凡夫。」

問：「無者無何法？念者念何法？」

答：「無者無有二法，念者唯念真如。」

問：「念者與真如有何差別？」

答：「亦無差別。」

問：「既無差別，何故言念真如？」

答：「所言念者，是真如之用；真如者，即是念之體。以是義故，立無念爲宗。若見無念者，雖有見聞覺知而常空寂。」

21、志德法師問：「禪師今教衆生，唯令頓悟，何故不從小乘而引漸修？未有升九重之臺，不由階漸而能登者也。」

答：「祇恐畏所登者，不是九層之臺，恐畏登者土堆胡塚，若實是九層之臺，此即頓悟義也。今於頓中而立其漸者，即如登九層之臺也，要藉階漸，終不向漸中而立漸義。事須理智兼釋，謂之頓悟，並不由階漸，自然是頓悟義。自心從本已來空寂者是頓悟，即心無所得者爲頓悟，即心是道爲頓悟，即心無所住爲頓悟，存法悟心心無所得是頓悟，知一切法是一切法是頓悟；聞說空，不著空，即不取不空，是頓悟；聞說我，不著我，即不取無我，是頓悟；不捨生死而入涅槃是頓悟。又有經云：『有自然智、無師智。』於理發者向道疾，外修者向道遲。出世而有不思議事，聞說者即生驚疑。今見在世不思議事有頓者，信不？」

問：「其義云何？願示其要。」

答：「如周太公、殷傳說，皆竿釣板築，而簡在帝心，起自匹夫，位頓登臺輔，豈不是世間不思議之事？出世不思議者，衆生心中具足貪愛無明宛然者，但遇真正善知識，一念相應便成正覺，豈不是出世不可思議事？又經云：『衆生見性成佛道。』又龍女須臾發菩提心便成正覺，又令衆生入佛知見，若不許頓悟者，如來即合徧說五乘，今既不說五乘，唯言衆生入佛知見，約斯經義，祇顯頓門，唯在一念相應，實更不由階漸。相應義者，謂見無念；見無念者，謂了自性；了自性者，謂無所得；以其無所得，即如來禪。維摩詰言：『如自觀身實相，觀佛亦然。我觀如來，前際不來，後際不去，今則無住。以無住故，即如來禪。』又經云：『一切衆生本來涅槃，無漏智性本自具足。』欲擬善分別自心現與理相應者，離心意識，離五法、三自性、八識、二無我，離外見、內見，離有、無二法，畢竟平等，湛然常寂，廣大無邊，常恆不變。何以故？本自性清淨體不可得故。如是見者，即得本性，若人見本性，即坐如來地；如是見者，離一切諸相，是名諸佛；如是見者，恆沙妄念一時俱寂；如是見者，恆沙清淨功德一時等備；如是見者，名爲無漏智；如是見者，名一字法門；如是見者，六度圓滿；如是見者，名法眼淨；如是見者，謂無所得；無所得者，即真解脫；真解脫者，即同如來知見，廣大深遠，無差別故。如是知者，即是如來應正徧知；如是見者，放大智慧光，照無餘世界。所以者何？世界者，即心也，心空寂更無餘念，故言照無餘世界。諸學道者，心無青黃赤白黑，亦無出入去來及遠近前後，亦無作意，亦無不作意，若得如是者，名爲相應也；若有出定、入定及一切境界，非論善惡，皆不離妄心，並有所得，以有所得並是有爲，全不相應。若其決心證者，臨三軍際，白刃相向下，風刀解身日，見無念，堅如金剛毫微不動，縱見恆沙佛來，亦無一念喜心，縱見恆沙衆生一時俱滅，亦不起一念悲心，此是大丈夫，得空平等心。若有坐者，凝心入定，住心看淨，起心外照，攝心內證者，此是障菩提，未與菩提相應，何由可得解脫？解脫菩提若如是，舍利弗宴坐林間，不應被維摩詰訶。訶云：『不於三界現身意，是爲宴坐。』但一切時中見無念，不見身相，名爲正定；不見心相，名爲正慧。」

22、常州司戶元思直問：「云何爲空？云何爲不空？」

答：「真如之體不可得，名爲空；以能見不可得體，湛然常寂，而有恆沙之用，故言不空。」

23、蔣山義法師問：「一切衆生皆有真如之性，而其中間，或有見者，或有不見者，云何有如是差別？」

答：「衆生雖有真如之性，亦如大摩尼之寶，雖含光性，若無人磨治，終不明淨。差別之相亦復如是，一切衆生不遇諸佛菩薩善知識教令發心，終不能見差別之相，亦復如是。」

24、義聞法師問：「雖有真如，且無有形相，使衆生云何得入？」答：「真如之性，即是本心，雖念無有，能念可念；雖説無有，能説可説。是名得入。」

25、廬山簡法師問：「見覺雖行，還同生滅。今修何法得不生滅？」答：「今言見者，本無生滅。今言生滅者，自是生滅人見也；若無生滅，即是不生滅。」

26、潤州司馬王幼琳問：「云何是『無法可説，是名説法』？」答：「般若波羅蜜體不可得，是無法可説；般若波羅蜜體自有智，照見不可得體，湛然常寂而有恆沙之用，是名説法。」

27、牛頭山寵禪師問：「懺悔罪得滅不？」答：「見無念者，業自不生，何計妄心而更別懺滅之？今欲懺悔者，懺即是生。」

問：「云何是生？」

答：「生者，生於滅也。」

28、羅浮山懷迪禪師問：「一切衆生本來自性清淨，何故更染生死法而不能出離三界？」

答：「爲不覺自體本來空寂，即隨妄念而起結業，受生造惡之徒，蓋不可說。今此修道之輩於此亦迷，唯祇種人天因緣，不求究竟解脫，又若不遇諸佛、菩薩、真正善知識，何由免得輪迴等苦？」

問：「心心取寂滅，念念入法流者，豈非動念否？」

答：「菩薩向菩提道，其心念念不住，猶如燈焰焰相續自然不斷，亦非燈造焰。何以故？謂諸菩薩趣向菩提，念念相續不間斷故。」

29、門人劉相倩云：「在南陽郡，見侍御史王維，在臨湍驛中，屈神會和上及同寺僧慧澄禪師，語經數日。於時王侍御問和上：『若爲修道得解脫？』和上答：『衆生本自心淨，若更欲起心有修即是妄心，不可得解脫。』王侍御驚愕云：

『大奇！曾聞諸大德言說，皆未有作如此說。』及謂寇太守、張別駕、袁司馬等曰：『此南陽郡有好大德，有佛法甚不可思議。』寇太守云：『此二大德見解並不同。』王侍御問和上：『何故得不同？』和上答：『今言不同者，爲澄禪師要先修定，得定以後發慧。神會則不然，今正共侍御語時，即定慧俱等。《涅槃經》云：『定多慧少，增長無明；慧多定少，增長邪見；定慧等者，名爲見佛性。』故言不同。』王侍御問：『作勿生是定慧等？』和上答：『言定者，體不可得；所言慧者，能見不可得體，湛然常寂，有恆沙巧用，即是定慧等學。』衆起立廳前，澄禪師咨王侍御云：『惠澄與會闍梨剛證不同。』王侍御笑謂和上言：『何故不同？』答：『言不同者，爲澄禪師先修定，得定以後發慧；會即不然，正共侍御語時，即定慧俱等。是以不同。』侍御言：『闍梨！祇沒道不同？』答：『一纖毫不得容。』又問：『何故不得容？』答：『今實不可同，若許道同，即是容語。』」

30、牛頭山袁禪師問：「佛性徧一切處否？」

答：「佛性徧一切有情，不徧一切無情。」

問：「先輩大德皆言道：『青青翠竹，盡是法身；鬱鬱黃花，無非般若。』今禪師何故言道『佛性獨徧一切有情，不徧一切無情』？」

答：「豈將青青翠竹同於功德法身？豈將鬱鬱黃花等般若之智？若青竹黃花同於法身般若者，如來於何經中說與青竹黃花授菩提記？若是將青竹黃花同法身般若是，此即是外道說也。何以故？爲《涅槃經》云：『具有明文，無佛性者，所謂無情物是也。』」

31、蘇州長史唐法通問：「衆生佛性與佛佛性同異？」

答：「亦同亦異。」

問：「何故亦同亦異？」

答：「言其同者猶如金，言其異者猶如碗盞等器是也。」

問：「此似是没物？」

答：「不似箇物。」

問：「既不似箇物，何故喚作佛性？」

答：「不似物喚作佛性，若似物則不喚作佛性。」

32、廬山簡法師問：「明鏡高臺即能照萬像，萬像即悉現其中。此若爲？」
答：「『明鏡高臺能照萬像，萬像即悉現其中』，古德相傳共稱爲妙，今此門中未許爲妙。何以故？且如明鏡則能鑑萬像，萬像不見其中，此將爲妙。何以故？如來以無分別智，能分別一切，豈有分別之心而能分別一切？」

33、揚州長史王怡問：「世間有佛否？」
答：「若有世間即有佛，若無世間即無佛。」
問：「定有佛？爲復定無佛？」
答：「不可定有，亦不可定無。」
問：「何故言不可定有，不可定無？」
答：「不可定有者，《文殊般若經》云：『般若波羅蜜不可得，菩提涅槃亦不可得，佛亦不可得。』故言不可定有。不可定無者，《涅槃經》云：『有佛無佛，性相常住，從諸衆生從善因緣方便，得見佛性。』故言不可定無。」

34、齊寺主問曰：「云何是大乘？」

答曰：「小乘是。」

又問曰：「今問大乘，因何言小乘是？」

答：「因有小故，而始立大；若其無小，大從何生？今言大者，乃是小家之大。今言大乘者，空無所有，即不可言大小。猶如虛空，虛空無限量，不可言無限量；虛空無邊，不可言無邊。大乘亦爾。是故經云：『虛空無中邊，諸佛身亦然。』今問大乘者，所以小乘是也。道理極分明，何須有怪？」

35、行律師問：「經云：『受諸觸，如智證。』此義云何？」

答：「受諸觸者，言本性不動也。若其覺異，即是動，猶如鏡中約人種種施爲舉動爲無心也，今受諸觸，亦復如是。其智證者，本覺之智也，今言智證者，即以本覺之智能知故，稱爲智證。借牛角以爲喻立義：正角之時，不得稱如意；即如意之時，不可名爲角；其角則雖含如意性，未滅角時不可稱爲如意；如意雖因角所成，成亦不可稱爲角。經云：『滅覺道成。』其義若斯。又云：『若見偏，則覺照亦不立。』今存覺照者，約見解偏而論；若約清淨體，何所覺？亦何所照？人以世物爲有，我即以世物爲無；人以虛空爲無，我以虛空爲有。何以故？世物緣合即有，緣散即無，遇火即焚，遇水則溺，不久破壞，是以言無；虛空，火不能焚，水不能溺，不可破壞，不可散故，是以稱爲常，故得爲之有也。」

36、相州別駕馬擇問：「擇比在朝廷，問天下內供奉僧及道士，決弟子疑不了。未審禪師決得擇疑否？」

答：「比者以來所決諸人疑，亦不落莫。未審別駕疑是何物？」

馬別駕言：「今欲說，恐畏禪師不能了擇疑。」

答：「但說出，即知得與不得；元來不說，若爲得知？」

時有別駕蘇成、長史裴瑥、司馬元光紹三人言：「與他禪師說出。」

馬別駕遂問：「天下應帝庭僧，唯說因緣，即不言自然；天下應帝廷道士，唯說自然，即不言因緣？」

答：「僧唯獨立因緣，不立自然者，是僧之愚過；道士唯獨立自然，不立因緣者，道士之愚過。」

馬別駕云：「僧家因緣可知，何者是僧家自然？道家自然可知，何者是道家因緣？」

和上答：「僧家自然者，衆生本性也。又經文所說：『衆生有自然智、無師智。』此是自然義。道士因緣者，道得稱自然者，道生一，一生二，二生三，三生萬物。從道以下，並屬因緣，若其無道，一從何生？今言一者，因道而立，若其無道，萬物不生。今言萬物者，爲有道故，始有萬物；若其無道，亦無萬物。今言萬物者，並屬因緣。」

37、弟子比丘無行問：「無行見襄陽俊法師及諸法師等在和尚堂，共論『色不異空，空不異色，色即是空，空即是色』及『龍女剎那發心便成正覺』如是等義，無行於此有疑。」

和上言：「汝見諸法師作何問？」答：「見嚴法師問俊法師等：『何者是色不異空，空不異色？』俊法師答：『借法師身相，可明此義。何者是法師？若言眼不是法師，口亦不是法師，乃至耳、鼻等等一一檢責皆不是法師，但有假名，求法師終不可得即空，假緣有故即色。』無行今所疑者，見俊法師作如是解。伏願和上示其要旨。」

和上言：「法師所論，自作一家道理，若尋經義，即未相應。俊法師所說，乃析物以明空，即不知心境高於須彌。汝今諦聽，爲汝略說。是心起故即色，色不可得故即空。」

又云：「法性妙有故即色，色妙有故即空。經云：『色不異空，空不異色。』其義如是。」

又云：「見即色，見無可見即空。」是以經云：『色即是空，空即是色，受想行識，亦復如是。』」

又問：「衆生煩惱無量無邊，諸佛如來、菩薩摩訶薩歷劫修行猶不能得，云何龍女剎那發心便成正覺？」

和上言：「發心有頓漸，迷悟有遲疾，若迷即累劫，悟即須臾。此義難知，爲汝先以作事喻，後明斯義，或可因此而得悟解。譬如一綟之絲其數無量，若合爲一繩置於木上，利劍一斬一時俱斷，絲數雖多不勝一劍。發菩提心亦復如是，若遇真正善知識，以巧方便直示真如，用金剛慧斷諸位地煩惱，豁然曉悟，自見法性本來空寂，慧利明了通達無礙，證此之時，萬緣俱絕，恆沙妄念一時頓盡，無邊功德應時等備，金剛慧發何得不成？」

又問：「見俊法師所說，龍女是權，不得爲實，若是實者，刹那發心豈能斷得諸地位煩惱？見俊法師作如是說，無行尚疑，願和上再示。」

和上言：「前引絲喻以明，即合盡見，何必更疑？《華嚴經》云：『十信初發金剛慧便成正覺。』菩提之法有何次第？若言龍女是權者，《法華經》圓頓不思議教有何威力？」

38、弟子無行問：「見俊法師講《法華經》，說如來五眼義言：從假入空，名爲慧眼；從空入假，名爲法眼；非空非假，名爲佛眼。都城道俗歎不可思議，無行於此有疑，未審所說是否？」

和上言：「汝有何疑？今試說看。」

無行言：「無行疑者，所謂經云：『如來天眼常在三昧，悉見諸佛國土無有二相。』云何慧眼要從假入空？云何法眼乃從空入假？若如此者，皆是相因，若不因假即不能入空，若不因空即不能入假，當知入空即不假，入假即不空，空假二途法慧殊隔，佛圓真眼不應有異。如此見疑，伏乞垂示。」

和上言：「人有利鈍，教有頓漸，法師所說蓋爲迷人，若論如來五眼，實不即如是。如來示同凡夫，則說有肉眼，雖然如是，見與凡夫不同。」
復白和上：「願垂決示。」
和上言：「見色清淨，名爲肉眼；見清淨體，名爲天眼；見清淨體於諸三昧及八萬四千諸波羅蜜門，皆於見上一時起用，名爲慧眼；見清淨體無見無無見，名爲法眼；見非寂非照，名爲佛眼。」

39、給事中房綰問：「煩惱即菩提義？」
答：「今借虛空爲喻，如虛空本來無動靜，不以明來即明，闇來即闇，此闇空不異明空，明空不異闇空，明闇自有去來，虛空元無動靜。煩惱即菩提，其義亦然，迷悟雖即有殊，菩提心元來不動。」
又問：「有何煩惱而更用悟？」
答：「經云：『佛爲中下根人說迷悟法，上根之人即不如此。』經云：『菩提無去來今，故無有得者。』望此義者，即與給事見不別，如此見者，非中下之人所測也。」

40、峻儀縣尉李冤問「自然」義。

問曰：「最初佛從因得道否？若言不從因得道，約何教得以成佛？」

答曰：「過去佛不從因得道。」

又問：「此義云何？」

答曰：「衆生本有無師智、自然智，衆生承自然智得成於佛，佛將此法輾轉教化衆生，得成等正覺。」

又問：「以前衆生，說有自然智得成於佛，因何如今衆生具有佛性，何謂無自然智即不得成佛？」

答：「衆生雖有自然佛性，爲迷故不覺，被煩惱所覆流浪生死，不得成佛。」

問曰：「衆生本來自性清淨，其煩惱從何而生？」

答曰：「煩惱與佛性一時而有，若遇真正善知識指示，即能了性悟道；若不遇真正善知識，即造諸惡業，不能出離生死，故不得成佛。譬如金之與鑛相依俱時，而不逢金師，祇名金鑛，不得金用；若逢金師烹煉，即得金用。如煩惱依性而住，如若了本性，煩惱自無。」

和上卻問曰：「如世間禮，本有？今有？」

李少府答曰：「因人制故今有禮。」

和上又問言：「若因人制即今有者，豺祭獸獺祭魚等，天然自解，豈由人制？若達此理，具明先有。如衆生佛性亦復如是，此即本來自有，不從他得。」

41、內鄉縣令張萬頃問：「真如者似何物？」

答：「比來諸大德道俗皆言，不遷變名爲真，神會今則不然，今言真者，無可遷變，故名爲真；所謂如者，比來諸大德道俗皆言兩物相似曰如，會今則不然，無物相似曰如。」

問：「佛性是有是無？」

答：「佛性非邊義，何故問有無？」

問：「何者是非邊義？」

答：「不有不無，是非邊義。」

問：「何者是不有？何者是不無？」

答：「不有者，不言於不有；不無者，不言於不無。二俱不可得，是故非邊義。」

42、門人蔡鎬見武皎問忠禪師中道義，忠禪師答云：「有無雙遣，中道亦亡。」如是又問五六十度，忠禪師答言：「是空。」又問：「空更有是勿在？」答：「相非相，更有俱生識。」是以忠禪師作如是答。

武皎將此問轉問和上，和上云：「武八郎，從三月至十月，唯問此一義，會今說此義與忠禪師有別。」

武皎云：「云何得差別？」

和上言：「『有無雙遣，中道亦亡』者，即是無念，無念即是一念，一念即是一切智，一切智即是甚深般若波羅蜜，般若波羅蜜即是如來禪。是故經云：佛言：『善男子！汝以何等觀如來乎？』維摩詰云：『如自觀身實相，觀佛亦然。我觀如來，前際不來，後際不去，今則無住。』以無住故，即如來禪；如來禪者，即第一義空，第一義空即如此也。若菩薩摩訶薩如是思惟觀察，上上升進，自覺聖智。」

43、洛陽縣令徐鍔問：「一切諸佛及諸佛阿耨多羅三藐三菩提法，皆從此經出，未審佛先？未審法先？佛若在先，佛稟何教而成道？法若在先，法是何人說？」

答：「若論文字法，佛先法後；若論寂滅法，法先佛後。又明經義，經云：『諸佛之師，所謂法也，以法常故，諸佛亦常。』若論佛稟何教而成道？經說：『衆生有自然智、無師智。』衆生承此自然智，任運修習，謂寂滅法，得成於佛，佛即遂將此法轉教化衆生，衆生承佛教習，得成正覺。」

44、南陽太守王弼問：「《楞伽經》生住異滅義？」

答：「此義有二種。」

問：「何爲二種？」

答：「人受胎之時，名之爲生；長至三十名之爲住；髮白面皺名之曰異；無常到來名之爲滅。又如穀子初含其芽，即是生義；即生已即住，是爲住義；生既即異於未生時，是爲異義；即生已含滅，是爲滅義。菩薩摩訶薩發般若波羅蜜心，即具此四相義。」

又問：「禪師，爲是說通？爲是宗通？」

答：「今所說者，說亦通，宗亦通。」

又問：「若爲是說通？若爲是宗通？」

答：「口說菩提，心無住處；口說涅槃，心無生滅；口說解脫，心無繫縛，即是說通宗不通。」

又問：「若爲是宗通？」

答：「但了本自性空寂，更不復起觀，即是宗通。」

又問：「正說之時，豈不是生滅否？」

答：「經云：『善能分別諸法相，於第一義而不動。』」

45、揚州長史王怡問曰：「佛性既在衆生心中，若死去入地獄之時，其佛性爲復入不入？」

答曰：「身是妄身，造地獄業，亦是妄造。」

問曰：「既是妄造，其入者何入？」

答曰：「入者是妄入。」

問：「既是妄入，性在何處？」

答曰：「性不離妄。」

問：「即應同入否？」

答：「雖同入而無受。」

問：「既不離妄，何故得有入無受？」

答曰：「譬如夢中被打，爲睡身不覺知，其佛性雖同入而無所受。故知造罪是妄，地獄亦妄，二俱是妄受妄，妄自迷真，性元無受。」

46、志德法師問：「生、住、異、滅義若爲？」

答：「生、住、異、滅者，正言一，以有一故即有四。無始無明依如來藏，故一念微細生時，偏一切處，六道衆生所造，不覺不知，無所不偏，亦不覺不知，從何所來，去至何所，即此衆生體有六道。何故如此？衆生亦念偏知六道苦樂，以曾受故。知假識即有生住去來，真識如如，都無去來生滅。猶如人眼睡時，無明心偏一切處，覺時有其粗細，故偏不偏。如穀子初含其芽即有生義，既生已即住其生，住已即異未生時，即生中已含滅義，此即生住異滅義。」

47、遠法師問：「何者不盡有爲？何者不住無爲？」

答：「不盡有爲者，從初發心，至菩提樹成等正覺，直至雙林入般涅槃，於中一切善悉皆不捨，即不盡有爲；不住無爲者，修學空，不以空爲證，修學無作，即是不住無爲。坐念不起爲坐，見本性爲禪。」

48、遠法師曰：「禪師修何法行何行？」

和上答言：「修般若波羅蜜法，行般若波羅蜜行。」

遠法師問曰：「何故不修餘法？不行餘行？」

和上答曰：「修行般若波羅蜜者，能攝一切法；行般若波羅蜜行，即是一切行之根本。是故，金剛般若波羅蜜，最尊最勝最第一，無生無滅無去來，一切諸佛從中出。《勝天王般若經》云：『云何菩薩摩訶薩學般若波羅蜜，通達甚深法界？』佛告勝天王言：『大王，即是如實。』『世尊！云何如實？』『大王！即不變異。』『世尊！云何不變異？』『大王！所謂如如。』『世尊！云何如如？』『大王！此可智知，非言能說。何以故？過諸文字，無此無彼，離相無相，遠離思量，過覺觀境，是爲了達甚深法界。』發心畢竟二不別，如是二心先心難。自未得度先度他，是故我禮初發心菩薩。解脫菩薩言：『世尊！無生之心，有何取捨？住何法相？』佛言：『無生之心，不取不捨，住於不心，住於不法。』心王菩薩言：『尊者！無生般若，於一切處無住，於一切處無利，心無住處，無處住心，無住無心，心無生住，心即無生。尊者，心無生行，不可思議。』心王菩薩言：『如無生行，性相空寂，無見無聞，無得無失，無言無說，無知無相，無取無捨，云何取說？若證者，即是諍論，無諍無論，乃無生行。千思萬慮不益，道理則無生滅，如實不起諸滅，安寂流注不生，得法眼淨，是謂大乘。」

49、遠法師問曰：「禪師口稱達摩宗旨，未審禪門有相傳付囑，以為是說？」

答曰：「從上以來，具有相傳付囑。」

又問曰：「復經今幾代？」

答曰：「經今六代。」

問：「請為說六代大德是誰？並敍傳授所由。」

50、第一代後魏嵩山少林寺有婆羅門僧，字菩提達摩，是南天竺國王之第三子。少小出家，悟最上乘，於諸三昧證如來禪。附船泛海，遠涉潮來至漢地，便遇惠可。慧可即隨達摩至嵩山少林寺，奉侍左右，於達摩堂前立。其夜雪下至慧可腰，慧可立，不移處，大師見之，言曰：「汝爲何事在雪中立？」慧可白大師曰：「和上西方遠來至此，意欲說法濟度於人，慧可不憚損軀，志求勝法，伏願和上大慈大悲，開佛知見，救衆生之苦，拔衆生之難，即是所望也。」達摩大師言曰：「我見求法之人咸不如此。」慧可自取刀自斷左膊，置達摩前。達摩可慧可爲求勝法棄命損軀，喻若雪山捨身以求半偈，便言：「汝可在前，先字神光，因此立名，遂稱慧可。」達摩大師乃依《金剛般若經》，說如來知見授與慧可，慧可授語已爲法契，便傳袈裟以爲法信，如佛授婆竭龍王女記。大師云：「《金剛經》一卷，直了成佛。汝等後人依般若觀門修學，不爲一法便是涅槃，不動身心成無上道。」達摩大師接引道俗，經於六年，時有難起，六度被藥，五度食訖，皆掘地擿出。語慧可曰：「我與漢地緣盡，汝後亦不免此難。至第六代後傳法者，命如懸絲。汝等好住！」言畢，遂遷化，葬在嵩山。於時有聘國使宋雲，於葱嶺上逢一胡僧，一腳著履一腳跣足，語使宋雲曰：「汝漢家天子，今日無常。」宋雲聞之，深大驚愕，於時具記日月。宋雲遂問達摩大師：「在漢地行化，有信受者不？」達摩大師云：「我後四十年外，有漢地人當弘我法。」宋雲歸至朝庭見帝，帝早已崩，遂取所逢胡僧記日月驗之，更無差別。宋雲乃向朝庭諸百官說，於時朝庭亦有達摩門徒數十人，相謂曰：「豈不是我和上不？」遂相共發墓開棺，不見法身，唯見棺中一隻履在，舉國始知是聖人。其履今見在少林寺供養，梁武帝造碑文，見在少林寺。

51、第二代北齊可禪師，承達摩大師後。俗姓周，武漢人也。時年四十，奉事達摩，經於九年。聞說《金剛般若波羅蜜經》，言下證如來，實無有法佛，菩提離一切法，是名諸佛，得授記已。值周武帝滅佛法，遂隱居舒州峴山。達摩滅後，經四十年外，重開法門接引羣品。於時璨禪師奉事，首末經六年。師依《金剛經》說如來知見，言下便悟，受持、讀誦此經即爲如來知見，密受默語以爲法契，便傳袈裟以爲法信，即如文殊師利授善財記。可大師謂璨曰：「吾歸鄴都還債。」遂從峴山至鄴都說法，或於市四街巷，不恆其所，道俗歸仰不可勝數。經一十年，時有災難競起扇亂，遞相誹謗爲妖邪壞亂佛法，遂經成安縣令翟仲侃，其人不委所由，仍打煞慧可死，經一宿重活又被毒藥而終。揚楞伽

《鄴都故事》第十卷具說。

52、第三代隋朝璨禪師，承可大師後，不得姓名，亦不知何許人也。得師授記，避難故，佯狂市肆，託疾山林，乃隱居舒州司空山。於時信禪師，年十三，奉事經九年。師依《金剛經》說如知見，言下便證實無有衆生得滅度者，授默語已爲法契，便傳袈裟已爲法信，如明月寶珠出於大海。璨大師與寶月禪師及定公同往羅浮山，於時信禪師亦欲隨璨大師，璨大師言曰：「汝不須去，後當大有弘益。」璨大師至羅浮山，三年卻歸至峴山，所經住處，唱言：「汝等諸人，施我齋糧。」道俗咸盡歸依，無不施者。安置齋，人食訖，於齋場中有一大樹，其時於樹下立，合掌而終，葬在山谷寺後。寺內有碑銘形像，今見供養。

53、第四代唐朝信禪師，承璨大師後，俗姓司馬，河內人也。得囑已，遂往吉州，遇狂賊圍城，經百餘日，井泉皆枯，信禪師從外入城，勸誘道俗念摩訶般若波羅蜜，其時遂得狂寇退散，井泉泛溢，其城獲全，便逢度人。吉州得度，乃來至廬山峯頂上，望見蘄州黃梅破頭山上有紫雲，遂居此山，便改爲雙峯山。於時忍禪師年七歲，奉事經餘三十年，依《金剛經》說如來知見，言下便證最上乘法，悟寂滅，忍受默語已爲法契，便傳袈裟以爲法信，如雪山童子得全如意珠。信大師重開法門接引羣品，四方龍象盡美歸依。經餘三十年，至永徽二年八月，忽命弟子元一，遣於山側造龕一所。至閏九月四日，問龕成未？報已成訖。遂至龕所，自見成就，歸至房，奄然遷化。大師春秋七十有二，是日大地震動，日月無光，林木萎悴。葬經半年，龕無故自開，至今不閉。杜正倫造碑文，其碑見在山中。

54、第五代唐朝忍禪師，承信大師後，俗姓周，黃梅人也。得師授記已，遂居馮墓山，在雙峯山東，時人號東山法門是也。於時能禪師奉事經八箇月，師依《金剛經》說如來知見，言下便證，若此心有住則爲非住，密授默語以爲法契，便傳袈裟以爲法信，猶如釋迦牟尼授彌勒記。忍大師開法經三十年，接引道俗，四方歸仰奔湊如雲。至上元元年，大師春秋七十有四，其年二月十一日奄然坐化。是日山崩地動，雲霧蔽於日月。閭兵均造碑文，其碑見在黃梅。

55、第六代唐朝能禪師，承忍大師後。俗姓盧，先祖范陽人也，因父官嶺外，便居新州。年廿二，東山禮拜忍大師，忍大師謂曰：「汝是何處人也？何故禮拜我？擬欲求何物？」能禪師答曰：「弟子從嶺南新州，故來頂禮，唯求作佛，更不求餘物。」忍大師謂曰：「汝是嶺南獦獠，若爲堪作佛？」能禪師言：「獦獠佛性與和上佛性有何差別？」忍大師深奇其言，更欲共語，爲諸人在左右，遂發遣，令隨衆作務，遂即爲衆踏碓。經八箇月，忍大師於衆中尋覓，至碓上見，共語，見知真了見性，遂至夜間密喚來房內，三日三夜共語，了知證如來知見，更無疑滯。既付囑已，便謂曰：「汝緣在嶺南，即須急去！衆人知見，必是害汝。」能禪師曰：「和上，若爲得去？」忍大師謂曰：「我自送汝。」其夜遂至九江驛，當時得船渡江，大師看過江，當夜卻歸至本山，衆人並不知覺。去後經三日，忍大師言曰：「徒衆將散，此間山中無佛法，佛法流過嶺南訖。」衆人見大師此言，咸共驚愕不已，兩兩相顧無色，乃相謂曰：「嶺南有誰？」遞相借問。衆中有路州法如言云：「此少慧（惠）能在此。」各遂尋趁。衆有一四品將軍捨官入道，俗姓陳，字慧明，久久在大師下，不能契悟，即大師此言，當即曉夜倍程奔趁，至大庾嶺上相見，能禪師怕急，恐畏身命不存，所將袈裟過與慧明，慧明禪師謂曰：「我本來不為袈裟來，大師發遣之日，有命言教，願為我解說。」能禪師具說心法。明禪師聞說心法已，合掌頂禮，遂遣急過嶺。以後大有人來相趁。能禪師過嶺至韶州，居曹溪，來住四十年。依《金剛經》重開如來知見，四方道俗雲奔雨至，猶如月輪處於虛空，頓照一切色像，亦如秋十五夜月，一切衆生莫不瞻睹。至景雲二年，忽命弟子玄楷、智本，遣於新州龍山故宅，建塔一所。至先天元年九月，從曹溪歸至新州。至先天二年八月三日，忽告門徒曰：「吾當大行矣。」弟子僧法海問和上曰：「以後有相承者否？有此衣，何故不傳？」和上謂曰：「汝今莫問，以後難起極盛。我緣此袈裟幾失身命，汝欲得知時，我滅度後四十年外，豎立宗者即是。」其夜奄然坐化，大師春秋七十有六。是日，山崩地動，日月無光，風雲失色，林木變白，別有異香氳氳，經停數日，曹溪溝澗斷流，泉池枯竭，經餘三日。其年於新州國恩寺，迎和上神座。十一月，葬於曹溪。是日，百鳥悲鳴，蟲獸哮吼，其龍龕前，有白光出現直上衝天，三日始前頭散。殿中丞韋據造碑文，至開元七年被人磨改，別造文報鐫，略敘六代師資相授及傳袈裟所由，其碑今見在曹溪。門徒問曰：「未審法在衣上？即以將衣以為傳法？」大師謂曰：「法雖不在衣上，以表代代相承，以傳衣爲信，令佛法者得有禀承，學道者得知宗旨，不錯不謬故，況釋迦如來金蘭（襴）袈裟見在雞足山，迦葉今見持著此袈裟，專待彌勒出世，吩咐此衣是以表釋迦如來傳衣爲信，我六代祖師亦復如是。我今能了如來性，如來今在我身中，我與如來無差別，如來即是我真如。」

56、〈大乘頓教頌並序〉。敍曰：「入法界者了乎心，達本源者見乎性，性淨則法身自現，心如則道體斯存，天地不能變其常，幽明不能易其理。粵有無明郎主，貪愛魔王，假虛空以成因，蘊塵勞而成業。是以能仁利物，妙力無邊，演八萬四千之教端，闡三十七道之法要，故有迷悟頓漸細樞指歸，悟之乃煩惱即菩提，迷之則北轅而適楚。其漸也，積僧祇之劫數，猶處輪迴；其頓也，如屈身之臂頃，旋登妙覺。由此高礭，遠則遠焉，誰其弘之？則我荷澤和上，天生而智者，德與道合，願並年將。在幼稚科，遊方訪道，所遇諸山大德，問以涅槃本寂之義，皆久而不對，心甚異之。詣嶺南，復遇曹溪尊者，作禮未訖，已悟師言，無住之本，自慈而得。尊者以爲，寄金惟少，償珠在動，付心契於一人，傳法燈於六祖。於以慈悲心廣，汲引情深，昔年九歲，已發弘願：我若悟解，誓當顯說。今來傳授，遂過先心，明示醉人之珠，頓開貧女之藏。墮疑網者，斷之以慧劍；溺迷津者，濟之以智舟。廣本深源，咸令悟入。明四行以示教，弘五忍以利喜，不乾於祖者，斯之謂歟。然則心有生滅，法無去來，無念則境慮不生，無作則攀緣自息。或始覺以滅妄，或本覺以證真，其解脫在於一瞬，離循環於三界，雖長者子之奉蓋，龍王女之獻珠，比之於此，復速於彼。所謂不動意念而超彼岸，不捨生死而證泥洹，繫頓悟之致，何遠之有？釋門之妙，咸在茲乎！於是省閣簪裾，里閈耆耋，得無所得，聞所未聞，疑達摩之再生，謂優曇之一現，頌聲騰於遠邇，法喜妙於康莊，醫王大寶自然而至。弟子昧道懵學，幸承奧義，昔登迂路，從咫尺而千里；今蒙直指，覽荒里於寸眸。翰墨不足以書懷，軀命寧堪以酬德，輒申短頌，發明要義，猶培塿助蓬瀛之峻，畎澮增渤澥之深，吾儕學者，庶斯達矣。杳冥道精，清淨法性。了達虛妄，堅修戒定。奉戒伊何？識其本性。修定伊何？無念自淨。克勤慧用，方除法病。虛鑑不疲，雰埃莫映。朗如秋月，皎若明鏡。不染六塵，便登八正。大道好夷，而入好徑。喜遇其宗，倍增欣慶。稽首歸誠，虔心展敬。頓悟妙門，於斯爲盛。唐貞元八年歲在未，沙明寶珍，共判官趙秀琳，於北庭，奉張大夫處分，分勘訖，其年冬十月廿二日記。唐癸巳年十月廿三日比丘記。」

57、遠法師問和尚：「此是莊嚴（缺字）？」

和尚言：「經文所說，不盡有爲，不住無爲（缺字）者，從初發心坐菩提樹，成正等覺，至雙林入涅槃，於其中一切法悉皆不捨，即是不盡有爲；不住無爲者，修學空不以空爲證，修學無作不以無作爲證，即是不住無爲。」

法師當時無言，良久乃語和尚：「淫怒是道，不在莊嚴。」

和尚語法師：「見在俗人，應是得道者。」

遠法師言：「何故指俗人以爲得道？」

和尚言：「法師所言淫怒是道，俗人並是行淫欲人，何故不得道？」

法師又問：「禪師解否？」

和尚答：「解。」

法師言：「解是不解。」

和尚言：「《法華經》云：『吾從成佛以來，經無量無邊阿僧祇劫，應是不成佛，亦應不經無量無邊阿僧祇劫。』」

58、江陵郡長問和尚：「維摩詰訶舍利弗坐？」

答：「爲訶其坐，身拄心取定，此定是三界內定，所以維摩詰訶。」

問：「不滅定而現諸威儀若爲？」

答：「學大乘人在定中，一切諸威儀而不失不壞定心，是爲宴坐。」

問：「於（下缺）色能分別青黃赤白，心不隨分別起，即是（下缺）得自在。諸根亦爾，即是於諸見不動而（下缺）爲得？」

答：「但覺即得，不覺即不得，（下缺）行即得解脫。」

問：「大乘經若爲？」

答：「佛說沒語。經云：『如自觀身實相，觀佛亦然，我觀如來，前際不來，後際不去，今則無住。』相今日學般若波羅蜜人，但得無住，即同維摩詰。（下缺）」

59、見在僧俗等立佛性爲自然，問：「無明若爲（下缺）？」

答：「佛性若是自然，無明復從何生？」諸人盡不能答，大德若爲（下缺）？

曰：「無明亦自然。」

問：「無明若爲自然？」

答：「無明與佛性俱是自然而生。無明依佛性，佛性依無明，兩相依，有則一時有。覺了者即佛性，不覺了即無明。《涅槃經》云：『如金之與鑛一時俱生，得遇金師鑪冶烹煉，金之與鑛當時各自。』金即百煉百精，鑛若再煉變成灰土。金即喻於佛性，鑛即喻於煩惱，煩惱與佛性一時而有。諸佛菩薩真正善知識，教令衆生發心修學般若波羅蜜即得解脫。」

問：「若無明是自然者，莫不同於外道自然耶？」

答：「道家自然同，見解有別。」

問：「若爲別？」

答：「如釋門中佛性與無明俱自然，何以故？一切萬法皆依佛性力故，所以一切法皆爲自然。如道家自然，道生一，一生二，二生三，三生萬物，從一以下，萬物皆是自然。因此見解不同。」

問：「十方諸如來，同共一法身，未審同異？」

答：「亦同亦異。」

問：「若爲同異？」

答：「闇室中著十盞燈，燈光共同一，即是同義；言別義者，爲盞盞燈各別，是別義。是以諸佛法身，元來不別，智者受用各別，即是亦同亦異。」

60、和尚云：「世間有不思議，出世間亦有不思議。世間不思議者，若有布衣頓登九五，即是世間不思議；出世間不思議者，十信初發心，一念相應使成正覺。於理相應，有何可怪？此明頓悟不思議。是故經云：『不退諸菩薩，其數如恒沙，一心共思求，亦復不能知。』豈聲聞、緣覺所能得知？」

61、〈荷澤和尚與拓拔開府書〉：「和尚與侍郎今日說，自己身心修行，與諸佛、菩薩心同不同？若得同，即於佛法中得佛法分；若不得同，即生空過。問：『若爲得解？』答：『但得無念即是解。』問：『若爲生是無念？』答：『不作意即是無念。無念體上自有智命，本智命即是實相。諸佛、菩薩用無念以爲解脫法身，見此法身，恒沙三昧一切諸波羅蜜悉皆具足。侍郎與神會今日同學般若波羅蜜，得與諸佛、菩薩心不別，今於生死海中得與諸佛、菩薩一念相應，即於一念相應處修行，即是知道者，即是見道者，即是得道者。』侍郎云：『今是凡夫爲官，若爲學得？』諮侍郎：『今日許侍郎學解，未得修行，但得知解，以知解久薰習故，一切攀緣妄想、所有重者，自漸輕微。神會見經文所說：『光明王、月光王、頂生王、轉輪聖王、帝釋梵王等，具五欲樂甚於今日百千萬億諸王等，於般若波羅蜜唯則學解，將解心呈問佛，佛即領受印可。』得佛印可即可捨五欲樂心，便證正位地菩薩，成就檀波羅蜜莊嚴解脫法身者。然此法門直指契要，不假繁文，但一切衆生心本無相，所言相者並是妄心。何者是妄？所作意住心，取空取淨，乃至起心求證菩提涅槃，並屬虛妄。但莫作意，心自無物，即無物心，自性空寂，空寂體上自有本智，能知以爲照用。故《般若經》云：『應無所住而生其心。』應無所住，本寂之體；而生其心，本智之用。但莫作意，自當悟入。努力！努力！』」

62、中天竺國梵僧伽羅蜜多三藏弟子康智圓問曰：「和上，多劫有緣。□□□□，生死事大，念念無常，懷疑日深，不敢諮問，唯願慈悲，許申心地。」

和上答：「汝若有疑，恣意當問。」

智圓問：「一切衆生皆云修道，未審修道者一生得成佛道不？」

和上答言：「可得。」

又問：「云何可得？」

答：「如摩訶衍宗，恆沙業障，一念消除，性體無生，剎那成道。何況一生而不得耶？」

又問：「云何剎那頃修習即得成佛？願斷此疑。」

答：「言修習即是有爲諸法，計屬無常；無常者，□離生滅。」

又問：「一切諸佛，修習果滿，得成佛道。今言不假修習，云何可信？」

答：「夫所信行修習，不離於智覺，既有智覺即有照用，如是因果宛然。生滅本無，何假修習？」

又問：「諸佛成道，皆因智覺，今離智覺，何者是道？」

答：「道體無物，復無比量，亦無智覺照用及動不動法，不立心地意地，亦無去來，無內外中間，復無處所，非寂靜，無定亂，亦無空名，無相，無念，無思，知見不及。無證者，道性俱無所得。」

又問：「無所得，知見不及，云何而得解脫？」

答：「三事不生，是即解脫。」

又問：「云何三事不生？」

答：「心不生即無念，智不生即無知，慧不生即無見，通達此理者是即解脫。」

又問：「無智既有，云何不生知智見無念？」

答：「言心定，不言自定，即是無念；定則更無分別，即是無智；慧定諸見不生，是即無見。非因果法，通達無我，明知生者妄生，滅者妄滅。」

又問：「諸佛皆從因果得成佛道，今云言非因果法，云何得成師師相授？」

答：「大乘言下悟道，初發心時便登佛地，無去來今，畢竟解脫。」

問：「何者是大乘禪定？」

答：「大乘定者，不用心，不看心，不看靜，不觀空，不住心，不澄心，不遠看，不近看，無十方，不降伏，無怖畏，無分別，不沈空，不住寂，一切妄相不生，是大乘禪定。」

問：「云何不用心？」

答：「用心即有，有即生滅，無用即無，無生無滅。」

問：「何不看心？」

答：「看即是妄，無妄即無看。」

問：「何不看淨？」

答：「無垢即無淨，淨亦是相，是以不看。」

問：「云何不住心？」

答：「住心即假施設，是以不住，心無處所，因汝所問，一切修道者同悟。」

月溪法師高臥處碑文

師諱心圓，號月溪，俗姓吳。其先浙江錢塘人，業滇遂家昆明，三傳至師。父子莊公，母陸聖德，生子五人，師最幼。師弱而好書，珪璋秀發，習儒業於汪維寅。先生年十二，讀〈蘭亭集序〉至「死生亦大矣，豈不痛哉」句，慨然有解悟，問先生如何方能不死不生？汪告曰：「儒言：『未知生，焉知死？』此言要問佛學家。」旋問佛學家，告曰：「肉體有生有死，見聞覺知靈性輪轉，佛性如如不動，不死不生。假如未見佛性，佛性隨見聞覺知靈性輪轉。如見佛性徧滿虛空，見聞覺知靈性變爲佛性。」問如何方法能見佛性？佛學家不能答。授以《四十二章經》、《金剛經》，自是兼攻佛學。隨肄學業於滬，尤專心老、莊，濂、洛、關、閩書，博綜六經，偏參江浙名山梵刹，叩問諸大德。將佛學家告如何方法能明心見佛性？凡所答案皆未圓滿。時妙智尊宿教看「念佛是誰」話題。年十九，決志出家，闡揚大法。父母幼爲訂婚，堅不娶，即於是歲，禮本境靜安和尚剃染受具。甫出家精進勇猛，於佛前燃左無名、小二指；並剪胸肉掌大，炷四十八燈供佛。發三大願：一、不貪美衣食樂，修苦行，永無退悔。二、徧究閱三藏一切經典，苦心參禪。三、以所得悉講演示導，廣利衆生。師每日除看經外，誦佛號五千聲，輪誦《華嚴》、《涅槃》、《楞嚴》，有閑時拜《圓覺經》爲課。師公靜公和尚告曰：「如爾所修，在家亦可，何必出家？即非僧相，要修向上一著法門，纔是出家本分大事。」教看「萬法歸一，一歸何處」話頭。隨授《傳燈錄》、《五燈會元》、《指月錄》。師看過有些知，有些不知。師最喜臨濟語，如何用功還是渺茫。師後隨悟參法師學天臺、賢首、慈恩諸宗教義。年二十二，遂徧蒞衆會說法宣講，聽者如市。應金陵之請，講楞伽法會。師示衆曰：「衆生本來是佛，祇因無明妄念，生死不能了脫；若能破一分無明妄念，即能證一分法身。無明妄念破盡，法身顯露。」時法會中有開明尊宿，問曰：「如無明妄念從外面來，與你不相干，又何必去斷？如妄念從裏邊生出來的，譬喻龍潭出水的水源，時時有水生出來的，斷了又生，生了又斷，無有了期。修行斷妄念，這箇道理實在不通！古人云：『王法不外乎人情。』佛法亦不外乎人情，妄念斷是佛性，妄念起是衆生，豈不是成佛亦有輪迴？」師不能答。再問曰：「法師未曾明心見性，經中無此語，此語是註解中得來。見性的人註解經典，路途便不錯。不見性人註解經典，說南朝北，拉東補西，顛倒是非。是否？」師答曰：「是不錯。」師頂禮尊宿，並舉將佛學家告如何方法方能明心見性。尊宿告曰：「此語法師可去問牛首山獻花巖鐵巖宗匠，他是悟後的人。」師星夜往參，問巖曰：「老和尚在此作甚麼？」巖告曰：「穿衣、喫飯、打眠、遊山玩水。」師對曰：「可惜你空過了。」巖告曰：「我可空過，你不可以學我空過，你若到那一片田地，亦可以學我空過。」師問曰：「如何是那一片田地？」巖豎一指。師對曰：「我不知道。」師問曰：「我今將妄念斷盡，不住有無，是那一片田地否？」巖告曰：「否！是無始無明境界。」師問曰：「臨濟祖師說是無明湛湛，黑闇深坑，實可怖畏。是否？」巖告曰：「是。」師將佛學家告如何方法用功，方能明心見性。巖告曰：「汝不可斷妄念，用眼根向不住有無黑闇深坑那裏返看，行、住、坐、臥不要間斷，因緣時至，無明湛湛，黑闇深坑，囫的一破，就可以明心見性。」師聽此言，如飲甘露。由此用功，日夜苦參，形容憔悴，瘦骨如柴。至某中夜，聞窗外風吹梧桐葉聲，豁然證悟。時通身大汗，曰：「哦！原來原來，不青不白，亦不參禪，亦不念佛，亦無死生事大，亦無無常迅速。」信口說偈曰：「本來無佛無衆生，世界未曾見一人；究竟瞭解是這箇，自性還是自己生。」向窗外望，正是萬里晴無雲，四更月在天。師數日後，再去問巖曰：「不求用功法門。祇求老和尚印證。」巖舉楖杖作打勢，問師曰：「曹溪未見黃梅意旨如何？」師答曰：「老和尚要打人。」巖再問曰：「見後意旨如何？」師再答曰：「老和尚要打人。」巖點頭。師將所悟稟呈，巖告曰：「子證悟也，今代汝印證，汝可再將《傳燈錄》印證。汝大事畢矣，有緣講經說法度生，無緣可隨緣度日。」師將《傳燈錄》、《指月錄》、《五燈會元》、《華嚴經》印證，一概瞭解，如家裏人說家裏話。師從今後講經依照《華嚴經》：佛性恆守本性，無有改變，始終不改；佛性無染無亂，無礙無厭，不受薰染；佛性不起妄念，妄念從見聞覺知靈性生起；除卻止、作、任、滅四病，不斷妄念，用一念破無始無明，見佛性爲主要。師講經說法皆從自性中發露出來，不看他人註解。師後膺川、湘、鄂、贛、皖、閩、粵、陝、甘、京、滬、平、津、魯、晉、豫、熱、浙、杭、青、香、澳諸講筵，數十年無虛日，講經二百五十餘會，講經一種爲一會。師性超然喜遊，如遊終南、太白、香山、華山、峨嵋、九華、普陀、五台、泰山、嵩山、黃山、武當、匡廬、茅山、莫干、嶼山、恆山、羅浮山等。凡遊雲霞深處，數月忘歸。所到名山，必有詩對。師善彈七弦琴，遊山必攜琴隨身。師節操高邈，度量出羣，不應酬世法，性度弘偉，風鑑朗拔，雖宿儒英達莫不服其深致。師之詩文有雲霞色，無煙火氣。師年老，豎一指爲衆弟子說法曰：

「來從偏滿虛空來，迦葉佛釋迦佛；去從偏滿虛空去，觀世音彌陀佛。古今諸佛，在老僧指頭上，不去不來；老僧亦在指頭上，不去不來。汝等若能識取，便是汝等安身立命處。」說偈曰：「講經說法數十年，度生無生萬萬千；等待他日世緣盡，偏滿虛空大自在。」師囑弟子曰：「夫四大從因緣生者，有生必有滅；自性本來無生，無生亦無滅。」有生必滅者，預有歸所，歸所高臥處，擇昆明南門外，杜家營村後，跑馬山之陽，望昆明湖。師生平未度剃染徒（編按：另據法師胞侄稱，師有「剃染徒二」），皈依弟子十六萬餘衆。師教弟子修念佛法門。師座下悟道弟子八人：五台寂真、明淨尊宿、北平李廣權居士、上海周運法居士。餘四人已先棄世。師著有《維摩經講錄》、《楞伽經講錄》、《圓覺經講錄》、《金剛經講錄》、《心經講錄》流傳北方。《佛教人生觀》（即《佛教的人生觀》）、《佛法問答錄》，流傳南方。及《大乘八宗修法》、《大乘絕對論》、《月溪語錄》、《參禪修法》、《念佛修法》、《詠風堂琴課》。

弟子智圓敬撰並書

皈依弟子

智圓　智融　智惟　智悅　智如　智尊　智用

智參　智滿　智溪　智生　智諦　智通　智覺

智心　智真　智雲　智蓮　智海　智量　智哲

敬立

智遂　智信　智性　智明　智鏡　智定

中華民國第一甲子己卯年仲春既望日

編後語

郭哲志

「為天下學道者定宗旨，為天下學道者辨是非」，這是千餘年前荷澤神會大師破北宗清淨漸修禪，立六祖惠能頓教禪時，所留下的氣勢磅礡的口號，神會定宗旨之舉，也由此為禪宗心地法門開創出日後「一花開五葉」的契機。千餘年後的今日，佛教表面上看似生機蓬勃，但觸目所及，無一不是流於中、小二乘的末代禪法，宗門尚且如此，更遑論教門及其他附佛外道，佛陀的正法眼藏真的是沒落了！

神會的時代，明心見性的祖師各化一方，尚且有魔强法弱之慨，今日的環境要想重振宗風，困難更是數倍於當時，我們選擇了整理弘揚月溪法師的思想做為一箇起步。月溪法師是箇明心見性的過來人，本身又精通中西各家學說及佛教各派典籍，除了以現代人更能分別明白的「絕對論」重新闡釋「佛性」和「外道法」的差別外，其著作努力的方向在於揀擇佛法中種種似是而非，千百年來卻未為人察知的謬誤。這番「定宗旨，辨是非」的苦心，雖未於法師生前有立竿見影之效，然而今日或許能有一大因緣再現於世也未可知。

在臺灣，由於某些緣故，月溪法師之名及其著作並未廣爲人知，坊間雖有印經會以印善書的方式流通，流通的層面亦屬有限。在某次因緣巧合下，我們和圓明出版社討論了出版月溪法師文集的可行性，而開始了這番合作的計畫。月溪法師的著作據稱有九十八種，惟大部份於戰火中佚失，我們所蒐集到的亦僅二十餘種。所以關於內容的來源，我們希望以拋磚引玉的方式來獲得讀者的迴響，倘若讀者手邊收藏有月溪法師的著作，盼能提供我們參考，以促其流通並增加整套文集的完整性。

月溪法師的每本著作雖都各自完整可讀，但合併爲文集卻有頗多重複贅累之處，一番去蕪存菁的整理工作是必要的。有的著作因其內容於他處重複或可被合併，不再單行出現，如《用周易老莊解釋佛法的錯誤》、《月溪法師問答錄》、《四乘法門》、《大乘佛法用功論》、《大乘佛法簡易解》、《由真起妄返妄歸真之考證》。至於法師其他的著作，大約以下列的順序來出版：《大乘絕對論》、《月溪法師開示錄》、《佛教的人生觀》（含《無始無明》、《大乘八宗修法》）、《參禪與念佛修法》、《神會大師證道歌、顯宗記溯源》、《圓覺經》、《金剛經》、《心經》、《維摩詰經》、《楞伽經》等經典的講註及《月溪法師詩詞書琴合集》（含《華山待月室記》、《詠風堂琴課》）。

月溪法師在著作中，因其本著護持正法、明確而不妥協的態度，於批判似是而非的教法時顯得相當直接毫無保留，對許多讀者而言，尤其若有涉及對自己過去既有觀念的否定時，可能會有難以接受甚或排斥的心態出現。這其實也是一般病患對喫藥，尤其是苦口良藥所會有的反應，然而病要醫好還是得克服這層障礙纔行。相信祇要能讀通月溪法師的著作，起碼具備了分辨他人說法是非對錯的能力，做箇達摩祖師東來所要找的「不被人惑」的人了！

國家圖書館出版品預行編目資料
神會大師證道歌顯宗記溯源 / 月溪法師著. -- 1 版. --
新北市：華夏出版有限公司, 2023.02
面；　公分. --（Sunny 文庫；255）
ISBN 978-626-7134-38-2（平裝）
1.CST：禪宗 2.CST：佛教說法

226.65　　111010246

Sunny 文庫 255
神會大師證道歌顯宗記溯源

著　作　月溪法師
總 校 訂　法禪法師
印　刷　百通科技股份有限公司
電話：02-86926066 傳真：02-86926016
出　版　華夏出版有限公司
220 新北市板橋區縣民大道 3 段 93 巷 30 弄 25 號 1 樓
電話：02-32343788　傳真：02-22234544
E-mail：pftwsdom@ms7.hinet.net
總 經 銷　貿騰發賣股份有限公司
新北市 235 中和區立德街 136 號 6 樓
電話：02-82275988　傳真：02-82275989
網址：www.namode.com
版　次　2023 年 2 月 1 版
特　價　新台幣 500 元 (缺頁或破損的書，請寄回更換)

ISBN：978-626-7134-38-2